趙興東의 閑良舞

# 趙興東의 閑良舞

### 朝鮮선비의 氣槪, 그 品格높은 춤사위의 舞譜

### Hallyangmu, The Korean Traditional Dance of Aristocrats by Cho Heung-dong

열화당

## 차례

고결한 선비의 기개로 미래를 사유하는 춤    7
이세기

Hallyangmu,    31
The Korean Traditional Dance of Aristocrats
Introduction

## 閑良舞 舞譜    35

閑良舞 年譜    131

趙興東 年譜    134

跋文    140

# 고결한 선비의 기개로 미래를 사유하는 춤
### 한량춤의 전승 그리고 조흥동의 한량무

이세기(李世基)

한량무(閑良舞)는 탈춤에서 비롯되어, 한말에서 일제시대에 이르는 동안 기방 출입이 잦았던 한량들이 추면서 차츰 독립된 춤으로서 골격을 갖추게 된 것으로 알려져 있다. 성경린(成慶麟)에 따르면 "이 춤은 남사당패(男寺黨牌)에 의해 처음으로 연희(演戲)"되었고 "후에 어른의 무용으로, 화류계(花柳界)에서 많이 추어졌으며 순수한 무용이라기보다 일종의 무용극이었다"[1]고 쓰고 있다.

1990년대에 들어서면서 전문교육을 받은 대학원 학생들의 석사학위 논문에서는 한량무가 『교방가요(敎坊歌謠)』에 열거한 헌선무(獻仙舞)·포구락(抛毬樂)·검무·항장무(項莊舞)·황창무(黃昌舞)·의암별제가무(義巖別祭歌舞)·승무 등에서 파생되었음을 제시하여 눈길을 끌고 있다.[2] 즉 한량무는 교방춤과 밀접한 관계가 있으며 남사당패들의 연희에서 일종의 여흥으로 선보이다가 진주 교방기녀들에 의해 옥내에서 추는 무용극으로 재창조되었다는 논고가 그것이다.

한편, 『악학궤범(樂學軌範)』에 전하는 교방가요는 임금의 행차를 환영하기 위해 노상(路上)에서 베풀어지던 정재(呈才)다. "여기에 출연했던 기녀나 무동들이 행사가 끝난 후 교방청에서 관기(官妓)들에게 정재가무를 전습시키는 과정에서 궁중의 가무가 민가에 등장했고, 소매가 긴 옷에 탈을 쓴 광대들이 풍류에 맞춰"[3] 가설무대에서 추게 된 것이다. 이에 대해 근대 전통춤의 아버지로 일컬어지는 한성준(韓成俊)은 일찍이 경기 한량무의 근거를 "각 지방 민속연희에서 전해지는 송파산대놀이와 봉산탈춤을 기초로 하여 만든 춤"[4]이라고 밝힌 바 있다.

그렇다면 전통 민속춤으로서의 한량무는 어디서부터 근거하는가. 한량무가 봉산탈춤과 산대놀이, 『교방가요』가 전하는 승무에서 파생되어 극 형식을 갖춘 한량무로 발전했다는 설에 따라, 산대놀이와 『교방가요』에 나타난 승무, 그리고 진주지역을 중심으로 전승된 한량무의 내용과 구조를 살펴보기로 한다.

## 극춤으로서의 한량무

### 산대놀이에 근거한다는 설

산대놀이는 중국의 옛 의식이던 나례(儺禮)를 모방한 것이다. 고려 초기에 전래되어 처음에는 음력 섣달 그믐날 궁중에서 악귀를 쫓을 목적으로 행해지다가 16대 예종(睿宗, 재위 1105-1122)에 이르러 연극의 성격을 띠기 시작했고, 고려 말기에 완전한 연극 형식을 갖춘 산대잡극(山臺雜劇)이 되었다. 조선조 4대 세종(世宗, 재위 1419-1450) 때부터 산대도감극(山臺都監劇)이 되면서 칙사의 영접, 왕의 행차, 인산(因山) 때나, 정전장사(征戰將士)들을 위로하기 위해 연행되었다. 그러나 인조(仁祖, 재위 1623-1649) 이후 나례 긴축정책에 따라 가무나 연희를 하던 재인들이 서리를 맞게 되면서 남사당패들은 동가식서가숙(東家食西家宿)으로 정처없이 떠돌게 되었고, 그들은 자신들의 애환과 형식도덕을 비웃는 무용극을 꾸며 이를 평민극으로 정착시키게 된 것이다.[5] 이는 산대놀이의 각본에 "기역자로 집을 짓고 사잣더니 가이없는 이내 몸 거주(居住) 없이 되었구나"라는 일절 속에 잘 나타나 있다.

산대놀이나 봉산탈춤의 주제는 주로 세태의 퇴폐성을 풍자하고 있다. 예를 들어 양반에 대한 조롱, 남녀간의 불륜, 첩에 대한 본처의 투기, 파계승의 일탈과 그에 대한 조소 등으로 일관하고 있다. 더욱이 모든 등장인물들이 탈을 쓰고 있기 때문에 그들의 연희는 더욱 대담하게 지배계층에 대한 증오심을 증폭시킬 수 있었을 것이다. 여기에 쓰이던 가면은 상좌·연잎·노장(老丈)·먹중(墨僧)·취발이·샌님·왜장녀·소무(小巫)·미얄할미·원숭이 등 이십여 가지가 넘는다.

봉산탈춤의 노장 과장에서 한량무가 유래했다는 근거는, 한량무에서 봉산탈춤에서의 노장이 승려로, 소무가 색시(기생)로, 취발이가 양반(한량)으로 조금씩 역할을 바꾼다는 데서 비롯한다. 특히 미얄할미의 '궁둥이춤'은 극춤 한량무에서는 주모의 '엉덩이춤'으로 나타난다.

탈춤의 내용은 노장춤에서 노장이 부채로 얼굴을 가리고 지팡이를 짚고 춤을 추다가 소무에게 반해서 목에 걸었던 염주를 벗어 주고 양반이 소무에게 꽃신을 사다 주자 노장도 꽃신을 사다 주는, 소무·노장·양반이 옥신각신하는 모습을 무언극으로 꾸민 것이다. 이는 시간이 흐르면서 진주지방을 중심으로 전승되는 진주 사인(四人) 한량무와 경남 칠인(七人) 한량무에서 노승과 한량, 기생이 벌이는 극춤 내용과 비슷한 맥락을 보인다. 춤장단은 염불장단-타령장단-굿거리장단에 맞추고, 반주는 피리·젓대·북·장구·해금에다 때로 꽹과리나 징을 치기도 한다.

### 『교방가요』의 승무 내용

『교방가요』[6]에 나오는 승무는 지금의 독무 한량무의 내용과는 전혀 다르다. 여기서의 승무는 노승·한량·기녀·상좌가 등장하는 무용극적인 요소를 갖춘 것으로, 진주 교방과 권번(券番)에서 전승된 현재의 진주 한량무 내용과 거의 일치하고 있다. 교방은 고려 때의 기생조합이고 권번은 일제시대에 있었던 기생들의 조합으로, 이로써 춤 전승 시기를 유추해 볼 수 있다.[7]

춤 내용은 한량과 기녀가 눈이 맞아 해롱거리는 것을 보자 상좌가 노승에게 기생을 유혹하라고 부추기고, 한량이 자리를 뜬 사이 노승이 기녀에게 접근하여 기녀를 유혹하는 것으로 시작한다. 밖에서 돌아온 한량이 기녀에게 꽃신을 신겨 주고 기녀가 좋아하자 꽃신 한짝을 마저 가지러 들어간 사이 노승이 기녀에게 다른 꽃신을 가져다가 신긴다. 한량이 돌아와서 기녀가 다른 꽃신으로 바꿔 신은 것을 보고 화를 내고 노승은 울고 있는 기녀를 업고 밖으로 달아난다. 한량이 술로 마음을 달래고 있을 때 노승을 따라갔던 기녀가 다시 돌아오지만 한량은 화가 풀리지 않은 채 어린 기생(小妓)과 어울린다. 한량과 노승에게 버림받은 기녀가 토라져서 나가자 노승과 상좌가 한바탕 춤을 추는 것으로 끝난다.

이 춤은 조선조말 고종(高宗, 재위 1863-1907) 때에 이르러 비로소 기록상으로 전수의 근거가 형성되었고, 무대 공연의 형태를 취한 시기는 대체로 갑오경장(1894) 이후로 잡고 있다. 다시 말해 초기의 한량무는 한량·승려·별감·기생 등으로 분장한 무동들이 장정 사당패의 어깨 위에서 연희를 펼쳤고, 남사당패가 분산된 후 구전으로 전해지던 것이 기방에서 추게 되면서 한량들의 끼와 풍류를 담은 무자(舞者)의 춤으로 정착된 것이다.[8] 춤장단은 굿거리장단-타령장단-굿거리장단으로, 반주는 피리 둘, 해금, 대금, 장구, 북으로 이루어진 삼현육각으로 편성되어 있다.

이처럼 한량무의 근원을 거슬러올라가다 보면 무용극 형식의 한량무는 승무와 밀접한 관계를 맺고 있음을 알 수 있다. 무용극춤에서는 한량과 색시와 승려, 한량과 주모와 상좌 등으로 역할을 맡아 추다가 승려를 위주로 하는 춤을 '승무'로, 한량에게 비중을 둔 춤을 '한량무'로 명칭을 나누게 됐다는 연구도 있다.[9]

한량무의 매력은 멋스러운 풍류가인으로서의 한량의 호방한 춤, 승려의 거드름춤과 장삼뿌림, 한량과 승려 사이를 오가는 색시의 다소곳하면서도 교태미 넘치는 춤에 있고, 주모의 간드러진 엉덩이춤도 볼거리로 손꼽는다. 한량무는 "민족이 생산하고 향유한 민족의 기층문화의 한 영역을 차지하고 있는 예능이며 민족의 근간을 이루고 있는 춤"[10]이라는 점에서 무용극 형식의 한량무와 독무 한량무를 비교해 볼 수 있다. 현재 극 형식으로 전하는 한량무는 진주지방과 부산지방의 한량들이 추던 진주 사인 한량무와 경남 칠인 한량무가 한량무의 원형[11]으로 남아 있고, 한성준 계열의 경기 한량무, 이동안의 한량무, 김숙자의 한량무가 전해지고 있다.

## 진주 사인 한량무

진주 교방에서 전해져 내려온 진주 사인 한량무에는 한량·색시·승려·상좌가 등장한다. 춤 내용은 『교방가요』가 전하는 승무와 비슷하다. 한량과 색시가 흥겹게 춤추고 있을 때 승려를 모시고 등장한 상좌가 승려에게 색시를 유혹하라고 부추기고 한량이 색시에게 줄 꽃신을 사러 나간 사이 승려가 색시에게 접근한다. 잠시 후 색시의 꽃신을 사 들고 온 한량이 색시에게 꽃신을 신겨 주자 승려도 나가서 꽃신을 사다 주고 승려와 색시가 의기투합해서 춤추는 모양을 보고 한량은 질투심에 어쩔 줄 모른다. 한량이 갈팡질팡하자 상좌는 자신으로 인해 발생한 사건을 수습하려고 한량에게 술을 권하며 화해를 청한다.

이는 한량과 승려, 색시가 벌이는 삼각관계로서, 이리저리 놀아난 색시가 양쪽에서 버림을 받고 오갈 데 없이 된다는 내용이다. 이 춤이 전하는 메시지는 갈대처럼 나부끼는 여심, 남자들의 객기와 이기심, '못 먹는 감 찔러나 본다'는 상좌의 심술과 장난기가 한량과 승려를 희롱하는 양태를 보인다.[12]

춤장단은 『교방가요』의 승무처럼 굿거리장단-타령장단-굿거리장단에 맞춘다. 한량은 흰색 두루마기에 남색 쾌자를 입고, 검정 갓을 쓰며 부채를 든다. 승려는 회색 장삼에 홍가사(紅袈裟)를 걸치고 고깔을 쓰고 지팡이를 든다. 색시는 노랑 저고리에 홍치마를 입고 머리는 족두리로 장식한다. 상좌는 회색 바지와 저고리 차림이다.[13]

## 경남 칠인 한량무

경남 칠인 한량무는 동래 한량무처럼 한량·색시·중·주모·별감·마당쇠·상좌 등 일곱 명이 등장한다. 경남 한량무는 일제시대에 잠시 중단되었다가 양산 권번의 춤 선생이었던 김농주가 김만중(金萬重)의 소설『구운몽(九雲夢)』에서 줄거리를 원용하여 짠 것이다. 옥황상제의 아들이 인간세상으로 쫓겨 와서 인간사의 희로애락을 경험하게 된다는 내용으로, 한량이 주막에 들러 멋들어진 춤 한판으로 좌중의 시선을 사로잡는다. 한량의 춤을 보고 한눈에 반한 주막의 색시가 한량과 어울리고 있을 때 마을로 탁발하러 왔던 승려가 염불장단의 거드름춤과 타령장단의 장삼뿌림 사위로 색시를 유혹한다. 색시는 승려의 춤에 마음을 빼앗기고 이때 마을을 순시하던 별감이 나타나서 정교하고 품위있는 관료의 춤을 선보인다.

이는 봉산탈춤이나 진주 한량무에서처럼 꽃신을 매개로 한 한량과 색시, 승려와 색시의 삼각관계를 다루고 있다. 여기서는 한량의 색시를 빼앗은 것이 승려의 도리에 어긋난다면서 상좌가 번뇌어린 춤을 추고, 승려의 수작과 색시의 변심에 화가 난 한량을 위해 주모가 익살스러운 엉덩이춤을 선보인다. 경남 칠인 한량무는 남사당에 의해 처음 연희된 춤을 그대로 보유한 형태로, 이는 주모나 별감이 추가됐을 뿐 진주 사인무의 내용과 비슷한 진행을 보이고 있다. 1979년 경남 칠인 한량무가 경상남도 도지정 무형문화재 제3호로 지정되면서 김덕명(金德明, 1924- )은 그가 가르친 제자들(김정애·성계옥·정행금·김연이·정남·최금순·정화순)과 함께 예능보유자로 지정되었다.

춤장단은 굿거리장단-염불장단-타령(허튼타령)장단으로 진행되고, 한량의 복색은 정자관(程子冠)에 도포를 입고 부채나 담뱃대를 든다. 색시는 노랑 저고리에 홍치마를 입고 소매에는 한삼을 낀다. 승려는 진회색 장삼에 홍가사를 입고 머리에는 방갓을 쓰며 염주를 목에 걸고 지팡이를 든다. 주모는 흰 저고리에 남색 치마를 입고 큰머리를 한 차림에 돈주머니를 차고 호리병을 든다. 마당쇠는 흰 바지저고리에 마당비를 들고 상좌는 흰 바지저고리에 목탁, 보따리를 멘다. 별감은 사령복에 전립을 쓰고 칼과 지휘봉을 갖는다.[14]

이 춤은 1899년에 설립된 아현무동연희장(阿峴舞童演戲場)과 1900년에 설립된 용산의 무동연희장에서 다른 춤과 함께 연희되었다는 기록이 있다.[15] 1902년 정부의 오락부서인 협률사(協律社)가 설립되면서 한량무가 연희되었고, 김천흥(金千興, 1909- )에 따르면 "1902-1907년 사이 기녀들에 의해 연희된 민속무용은 대체로 승무, 검무에 이어 한량무를 추었다"고 전한다. 한량무가 본격적으로 추어진 것은 1908년 7월, 서울 신문로에 창설된 원각사(圓覺社) 공연에서였고, '가인전목단(佳人剪牧丹)'과 함께 승무·한량무가 등장하고 있는 것으로 보아 정재와 민속춤이 한 무대에서 추어진 것으로 추정된다. 이후 1912년 광무대(光武臺) 개관기념 공연에서 승무·검무·살풀이춤과 함께 한량무가 별개의 춤으로 연희되었다.[16]

## 한성준의 사인 한량무

충남 홍성 출신인 불세출의 명무 한성준(1874-1941)은 1930년 조선음악무용연구소를 조직하고, 1934년 조선무용연구소를 창설하여 무용만을 가르칠 때 구전으로만 전수되던 한량무를 새로이 안무하여 제자들에게 가르쳤다. 그때 배운 사람이 장홍심(張紅心) 이강선(李剛仙) 강선영(姜善泳) 한영숙(韓英淑) 등이다. 한성준의 경기 한량무는 각 지방 민속연희에서 전해지던 송파산대놀이와 봉산탈춤에서의 노장 과장을 기초로 창작된 것이다.

일제 강점하에서 한성준은 승무 · 살풀이춤 · 태평무 · 입춤에 이어 사인 한량무를 빼어난 미적 양식을 지닌 춤으로 정리하여 선보였다.

등장인물은 한량 · 각시 · 먹중 · 주모 등으로, 이는 봉산탈춤이나 『교방가요』가 전하는 승무, 진주 사인무의 내용과 비슷하다. 꽃신을 사이에 두고 한량과 먹중이 실랑이를 벌이는 가운데, 먹중은 색시에게 염주를 걸어 주며 유혹하고 주모는 이 틈을 타서 한량의 환심을 사려들지만 한량은 주모를 거들떠보지도 않는다. 각시는 자신의 변심에 상처받은 한량을 보고 먹중이 걸어 준 염주를 벗어던진 채 다시 한량에게 돌아온다. 장단 구성에서 한량과 색시의 대무(對舞) 장면은 굿거리장단에 맞추고 한량의 독무는 허튼굿거리장단, 먹중이 등장할 때는 타령장단, 주모가 술병을 들고 나올 때는 자진모리로 몰아 가다가 다시 한량과 각시가 사랑의 춤을 출 때는 굿거리장단을 친다.

한성준은 1935년 첫번째 무용발표회에 이어 1940년 2월 27일 서울 부민관(현 세종문화회관 별관)에서 열린 조선무용음악 도동(渡東) 기념공연에서 손수 창작한 승무 · 살풀이춤 · 태평무 · 학무 · 농악무와 함께 한량무를 선보였다. 프로그램을 보면 제1부 한량무 부분에 한영숙 · 강춘자 · 김명숙(金明淑)이 나와 있다. 강춘자는 현재 중요무형문화재 제92호 태평무 예능보유자인 강선영의 본명이다. 한량무에서의 역할은 한영숙이 한량, 강선영이 각시, 김명숙이 먹중을 맡았고, 주모 역할은 밝혀져 있지 않다. 이 공연은 같은 해 5월 일본 도쿄 히비야(日比谷) 공회당에서 공연된 후 이듬해인 1941년 원각사 무대에 올려졌다.

당시 원각사 공연 사진을 보면 한량은 두루마기(옥색)에 쾌자를 덧입고 옥로 갓에 검은 부채를, 각시는 원삼에 한삼을 끼고 족두리를 쓰고 있다. 먹중은 봉산탈춤에서의 노장탈을 쓰고 주모는 큰머리에 치맛자락을 질끈 동여맸다. 먹중과 기생은 쪼그려 앉아 있고 한량의 거만한 표정에는 각시와 먹중을 경멸하는 태도가 두드러진다.[17] 요즘의 한량무는 남성적인 풍류와 자유, 낭만을 구가하는 데 비해, 한성준의 한량무는 단순히 바람기가 있는 한량의 춤이 아니라 음악과 춤을 아는 풍류가인을 내세운 선비의 춤이라는 데 특징이 있다. 한성준의 한량무는 남녀의 삼각관계를 묘사하면서 물질에 현혹당하는 여자의 얄팍한 심리, 애증과 객기, 남자의 바람기와 여자의 유

혹, 용서와 사랑이라는 주제를 아정하게 엮고 있다.[18]

## 이동안의 한량무

경기도 화성 출신인 이동안(李東安, 1906-1995)은 단가·피리의 명인인 이화실이 조부이고 부친 이재학(李在學)은 화성 재인청(才人廳) 소속의 예인으로, 그는 화성 재인청의 도대방(都大房) 자리를 물려받아 남사당패의 명맥을 이었다. 발탈과 태평무, 진쇠무, 신칼대신무와 함께 그는 광무대 시절 경기도 용인 출신인 김인호(金仁鎬)로부터 한량무를 전수받은 후 가장 원형에 가까운 무용극적인 한량무를 추어 온 것으로 유명하다.

등장인물은 한량·승려·색시·주모·사령 등 다섯 명으로, 색시의 춤을 보고 반한 한량이 색시와 함께 춤추고 한량이 색시의 꽃신을 사러 나간 사이 색시는 승려의 유혹에 넘어간다. 화가 난 한량은 주모와 어울리고 주모는 한량을 위로하기 위해 자진모리 가락에 맞춰 엉덩이춤을 춘다. 이는 진주 한량무와 경남 한량무에서 주모가 추던 엉덩이춤에서 온 것이다.

장단은 굿거리장단-자진모리장단-굿거리장단 순이다. 한량은 평상복에 도포를 입고, 통영갓을 쓰고 부채를 든다. 색시는 홍치마에 노랑 저고리, 원삼에 한삼을 끼고 머리에는 족두리를 쓴다. 승려는 회색 장삼과 홍가사 차림에 손에는 지팡이를 들고, 사령은 사령복에 전립, 손에는 육모방망이를 든다.

1977년 전통무용연구원 주최로 이동안은 서울 문예극장 대극장에서 한량무와 발탈을 공연했으며, 이동안의 발탈은 1983년 중요무형문화재 제75호로 지정되었다. 1986년 4월 25일 국립극장 소극장에서 그는 여든 살의 나이로 국립국악원이 후원하는 무형문화재 공연에서 한량무를 추었고, 그의 한량무는 "움직임의 억양이 분명하고 흥겨움을 살려 여유와 품격으로 승화시켰다"는 평을 받았다.[19] 그는 1992년 9월, 여든여섯 살의 나이에도 서울 세종문화회관 대강당에서 열린 「'92 한국 명무」전에 출연하여 신칼대신무를 추었다.

## 김숙자의 한량무

경기도 안성 출신인 김숙자(金淑子, 1927-1991)는 조선 후기 중고제(中高

制)의 명창 김석창(金碩昌)이 조부이고 화성 재인청과 안성 신청(神廳)의 무악 명인이던 김덕순(金德淳)이 부친이다. 그는 부친 김덕순으로부터 한량무를 전수받았다.

등장인물은 한량·색시·중·상좌 등 네 명으로 구성되고, 춤 내용은 경남 칠인 한량무와 유사하게 진행된다. 주막을 배경으로 주모가 손님 시중에 바쁘게 돌아가고 있을 때 과거를 보러 가던 한량이 주막에 들러 색시와 흥겹게 어울리고, 한량이 색시의 발 치수를 잰 후 신발을 사러 나가는 것을 보고 이 앞을 지나던 승려가 주막에 들어와서 색시를 유혹한다. 신발을 가지고 온 한량이 승려와 색시가 춤추는 것을 보고 술에 취해 비틀거리는 허튼춤과 허탈한 마음을 떨쳐 버리기 위한 한량춤 한 가락을 선보인다. 색시는 결국 한량에게 돌아오고 한량은 색시를 받아들여 사랑의 춤을 춘다. 극춤 한량무는 맨 마지막 장면에서 등장인물들이 전부 나와서 화해하는 춤으로 마무리하고 있다. 이 춤은 1980년대 초반까지 공연되었다.

장단은 굿거리장단-타령장단-중모리·중중모리장단-자진모리·휘모리장단으로 진행되고, 한량은 바지저고리에 흰 도포를 입고 검정 갓을 쓴다. 승려는 옥색 바지저고리에 홍가사를, 색시는 홍치마와 연두저고리에 원삼을 입고 족두리를 쓴다. 주모는 평상복 차림의 치마와 저고리를 입는다.

## 독무(獨舞)로서의 한량무

독무 형태는 무용극적인 한량무에서 점차 한량의 역할에 비중을 두어 한량의 춤만을 소략한 것이다. 한량무가 극장 무대로 유입되면서 극 형식의 한량무가 독무 형태로 독립되기 시작했고, 이 일인(一人) 한량무는 즉흥무, 허튼춤, 선비의 춤으로 불리기도 한다.

부산 동래 권번 계열의 한량무가 가장 일찍이 독무로 발전했는데, 중요무형문화재 제18호 '동래야류(東萊野遊) 가면극' 보유자인 문장원(文章垣, 1917- )이 유일하게 즉흥 한량무를 추고, 중요무형문화재 제27호 이매방(李梅芳)류 승무 이수자인 김진홍(金眞弘)이 동래 한량춤을 보유하고 있다. 특히 김진홍의 동래 한량무는 경상도 특유의 배김사위를 구사하는 덧뵈기춤이 특징이다. 1986년 4월 25일 서울 국립극장 소극장에서 공연된 그의 한량무는 "투명하면서도 체온적인 세련미와 밝은 윤기로 인해 차분하면서도 움직임의 억양이 순하고 흥겹다"는 평을 듣고 있다.[20]

김진홍 외에도 부산의 황무봉(黃舞峰)이 「신로심불로(身老心不老)」를 추는 등 대부분의 유명 남성 무용가들은 신무용적인 독무 한량무를 추고 있다. 일반적으로 전통무용의 오랜 세월을 거쳐 계통을 이어받아 전하는 가운데 이들의 독무 한량무는 사회정서, 미의식의 변천에 따라 수없이 변화를 거듭하면서 지금은 각자 개성이 다른 자신의 춤으로 한량무를 발전시켰다.

결국 모든 춤의 근원은 궁중정재나 전통민속무용에서 내려오지 않은 것이 없을 것이다. 한량무의 경우도 마찬가지다. 그러나 독무 한량무의 경우는 남사당패나 그 이후 유사하게 발전 계승되어 온 한량무와는 달리 각 무용가가 저마다의 역량과 기량, 개성과 창의력으로 재구성해서 자신의 춤으로 추고 있다. 한량무에서 '한량'을 제목으로 빌려 왔다고 해서 모든 한량무를 전통민속춤으로서의 한량무 범주에 포함시키는 것에는 무리가 따른다고 본다.

### 최승희의 「에헤라 노아라」

신무용 시대를 연 최승희(崔承喜, 1911-1967)는 1930년대에 명무 한성준으로부터 승무와 입춤을 배운 후 이를 바탕으로 「에헤라 노아라」라는 창작무를 안무해 내놓았다.[21] 최승희는 1931년 서울에서 신작 발표회를 갖고 스물세 살이 되던 1934년 5월 20일, 일본 아오야마(青山) 청년회관에서 열린 여성무용경연대회에서 한량무와 태평무를 적절히 각색하여 「에헤라 노아라」를 춘 것으로 기록되어 있다.[22] 최승희의 「에헤라 노아라」는 술에 취한 한량을 주인공 삼아 팔자 걸음에 배를 불룩하게 내민 낙천적이고 여유로운 양반의 모습을 그렸다. 복장은 백의를 숭상하는 조선인을 상징하여 바지저고리에 백색 도포를 입고 술띠를 매고 작은 방갓에 버선을 신고 있다.[23]

1937년 뉴욕에서는 '몸은 늙어도 마음은 늙지 않아' 젊은 시절처럼 춤추고 싶어하지만 노쇠한 몸이 마음먹은 대로 추어지지 않는다는 극적인 의미를 담아 「신로심불로」를 초연했고, 1939년 1월 31일 파리 샹프레지엘 극장에서는 이를 「한국무용-한량」이란 제목으로 공연했다.[24] 그리고 미국과 유럽 등 삼 년 만의 외유에서 돌아온 최승희는 1941년 2월 22일부터 25일까지 나흘 동안 도쿄 가부키자(歌舞伎座) 공연에서 "열세 개의 발표 작품 중「신로심불로」와「화랑무(花郞舞)」가 가장 순화되어 단연 우수하다"는 평을 들었다.[25] 1943년에는 북경에서「노생(老生)」을 초연했으며, 이는 그가 춘「신로심불로」의 연작임을 짐작할 수 있다. 그러니까 최승희는 1937년「신로심불로」란 제목을 최초로 사용했다고 볼 수 있다.

### 조택원의「신로심불로」

함경도 함흥 출신으로 일본의 이시이 바쿠(石井漠) 무용단에서 활약한 조택원(趙澤元, 1907-1976)이 한량무를「신로심불로」란 제목으로 춘 것은 최승희보다 십이 년 후인 그의 나이 마흔두 살 때로, 1949년 2월 10일, 그는 미국 자연과학박물관에서 신작으로 선보였다. 최승희와 나란히 이시이 바쿠로부터 무용을 사사한 조택원은「가사호접(架裟胡蝶)」「부여 회상곡」을 발표한 후「신로심불로」의 창작 동기를 다음과 같이 밝히고 있다.

"장구를 치고 있노라면 그 장구의 리듬이 그대로 내 몸 속에서 하나의 율동이 되어 팔에서 어깨로, 어깨에서 다리로 파급되어 갔다. 그럴 때마다 이것을 음악에다 비기면 몇 소절씩의 멜로디가 형성되곤 했다. 이 몇 소절씩의 선율이 모여 어느 때는 느린 진양조로, 또 어느 때는 빠른 자진모리로 하나의 악장을 이루었다."[26]

이 작품은 멀리서 은은히 울려 오는 피리소리에 실려, 한 노인이 나무 그늘에 돗자리를 깔고 누워서 곰방대를 문 채 흘러간 옛 추억에 잠기는 것에서 시작된다. 피리소리에 맞춰 느린 진양조로 시작된 춤은 차츰 쓰러질 듯 일어나고 다시 쓰러지면서 '이내 몸이 늙었구나, 마음은 아직도 젊은데'라는 의미로 형상화되는데, 이는 최승희가 택했던 주제를 새로운 구상으로 안무한 것으로 보인다.

### 정인방의「신로심불로」

서울 종로 인사동에서 태어나 한성준에게 육 년 동안 춤을 전수받은 경력이 있는 정인방(鄭寅芳, 1926-1992)은 열아홉 살이 되던 1945년 5월 8일, 서울 부민관에서 첫번째 무용발표회를 가졌다. 이후 그는 명창 김소희(金素姬)를 따라 우연히 한 부호의 파티에 갔다가 그 집에 소장된 산수화와 풍속도를 보고 육 개월의 작업 끝에 심상건(沈相健)의 가야금 산조에 맞춰 칠 분 짜리 신작 「신선도(神仙圖)」를 만들었다.

1951년 8월 11일, 부산에서 무용극 「처용(處容)」을 공연한 후 1953년 8월 28일에서 8월 31일까지 한국경제신문사 주최로 서울 시공관에서 열린 정인방 무용생활 20주년 기념공연에서 그는 1945년에 구상한 「신선도」를 「신로심불로」라는 제목으로 발표했다.

춤의 내용은 노인이 젊은 날을 회상하며 환상에 젖어 나도 모르게 춤 한 가락을 추어 보건만 마음과는 달리 몸이 말을 듣지 않아 술상 앞에 주저앉아 육체의 늙음과 인생무상을 한탄하는 것이다. 춤의 주제는 1937년 최승희가 춘 「신로심불로」와 비슷하다. 신선처럼 길게 흘러내린 머리와 넓은 소매에 발목까지 덮는 흰 장삼을 입고, 그는 표주박을 들고 긴 지팡이에 의지한 채 신선처럼 추었다. 이 춤을 보고 시인 김상화는 "젊은 무용인인 정인방은 노인의 심정과 감정의 표현이 춤에 연결되어 조화를 이루고 그 연령에 비해 원숙한 경지에 이룬 작품"[27]이라고 평한 바 있다. 그가 「신로심불로」를 춘 것은 당시 그의 나이 스물여덟 살 때였다.

### 최현의 「비상」

부산 영도에서 태어나 열여섯 살 때부터 마산의 한량이던 김해랑 문하에서 춤을 배운 최현(崔賢, 1929-2002)은 박금슬(朴琴瑟), 김천흥을 두루 거친 후 1960년대 영화계에서 주역으로 떠올랐던 풍류객의 한 사람이다. 조택원은 "최현만의 남성미와 예인적 기질이 유장미 넘치는 신무용의 결정품을 멋들어지게 표현할 수 있다"고 간파하여 유독 최현에게 그의 걸작 「신로심불로」를 전수[28]했다고 전해진다.

1974년에 위궤양 수술을 받고 퇴원할 무렵, 그는 하늘을 훨훨 날고 싶다는 일념에서 「비상(飛翔)」을 구상했고, 1978년 마흔아홉 살이 되던 해 세종문화회관 개관기념 예술제에서 자신이 오래 가꾸고 손질해 온 이 작품을 선보였다. 「비상」은 창공을 나는 학의 고고함과 자유분방함에 주안점을 두고 선비의 도량, 한량의 풍류, 장인기질을 표현하면서 남성춤의 기개와 춤의 절묘한 기품을 살렸다. 특히 움직임 면에서 파도처럼 감고 풀고 죄면서 덩실덩실 추는 어깨춤은 경상도 지방의 덧뵈기춤을 기조로 한 것이다. 그러나 춤의 발상이 지난날을 돌아보며 젊은 시절을 그리워하는 선비의 춤이란 점에서 춤의 주제는 조택원이나 정인방의 「신로심불로」에 근접하지만 "옛 선비를 연상케 하는 춤에서 흥과 멋이 넘치는 춤으로 흥을 돋우고 있는" 것은 그 옛날 기방에서의 한량무나 민속적 색채가 깃든 극춤 한량무와는 맥을 달리한다고 할 수 있다. 복장은 작은 왕관 장식을 한 탕건에 소매가 넓고 기장이 긴 백색 왕복을 입고 앞가슴과 어깨에 봉황을 수놓았다. 부채에는 사군자를 그려 넣었다.

## 조흥동의 한량무 「회상」

최승희 · 조택원 · 정인방 · 최현에 이어 조흥동(趙興東, 1941- )의 「회상(回想)」은 바로 신무용 계열의 한량무로 창작된 춤이다.[29] 조흥동 춤의 출발과 춤태, 한량무의 생성 배경은 다음과 같다.

조흥동은 1941년 경기도 이천 부발읍에서 태어났다. 그는 유년시절부터 사당패의 무동(舞童)이 되어 당시 춤꾼으로 이름을 날리던 엄영연(嚴永然) 조태호(趙泰鎬) 등이 부채를 들고 추던 한량무를 보고 자랐다. 여덟 살이 되던 해 춤 입문자들의 기본춤인 초립동(草笠童)으로 무대에 선 후 국악양성소에 들어가 김보남(金寶男)에게서 춤과 장구를, 남산의 주만향(朱晩香)에게서 춤본을 배웠고, 서울 종로 필운동에 있던 김윤학(金潤鶴) 무용연구소에 다니면서 1959년 경동고 이학년 때 김윤학 · 안애리 무용발표회에 찬조출연하기 시작했다. 그때부터 낙원상가에 있던 김천흥에게서 처용무와 춘앵전을, 이매방에게서 승무와 오고무를, 김진걸(金振傑) 송범(宋汎) 김백초(金百草)에게서 무용기법을, 김백봉(金百峰)에게서 부채춤을, 은방초(殷芳草)에게서 살풀이춤과 무당춤을, 한영숙에게서 승무와 살풀이춤을, 강선영에게서 태평무를, 전사섭(全四燮)에게서 설장구를, 황재기(黃在基)에게서 소고무를, 장홍심에게서 장검무와 바라춤을, 박용우(朴容佑) · 박금슬·이지산(李池山)에게서 진쇠춤을, 정인방에게서 한량무를 사사했고, 김석출(金石出)의 동해안 별신굿, 안사인(安士仁)의 제주굿, 우옥주(禹玉珠)의 황해도 만구대탁굿, 강릉 단오굿, 평안도 놋다리굿 등 팔도 무속춤과, 임준동(林俊東)과 박송암(朴松庵) 스님에게서 불교의식 무용을 전부 배웠다. 그는 대가들의 전통적 춤사위를 두루 섭렵하면서 이를 계승하는 데 그치지 않고 자신만의 독특한 춤 어법을 연구하여 이후 자신의 창작무용은 물론 극장 예술의 장점을 활용한 안무와 연출력이 돋보이는 대형 무용극을 만들어냈다.

1968년 첫 발표회를 필두로 매년 개인 무용발표회를 가지면서 1976년 학림회(學林會)를 창단하여, 1979년 제1회 대한민국 무용제에「푸른 흙의 연가」로 참가했고 '왜 남성이 여성적인 춤을 추어야 하느냐'는 발상에 따라 우리나라에서는 처음으로 한국남성무용단을 창단했다. 남성무용단의 이름으로 참가한 1981년 대한민국 무용제에서「춤과 혼」으로 안무상을 수상한 후 그는 "한국 남성춤의 신기원을 이룩했다"는 평과 함께 '무용계의 혜성'으로 떠올랐다.

송범에 이어 국립무용단장이자 한국무용협회 이사장 등 조직과 관리능력을 보인 무용행정가로서 그는 그때부터 신무용 계열을 준수하며 대극장에 맞는 일련의 창작극의 활성화로 무용극의 표현영역을 확대해 나갔다. 생의 비탄을 미래적으로 승화한「온누리를 꽃밭으로」, 백제의 무용탑을 주제로 한「환(幻)」, 상고시대 제천의식 과정을 그린「무천의 아침」을 잇달아 발표하면서 평단으로부터 "국립무용단이 한층 젊어지고 활력이 넘친다" "극적 요소가 화창하다"[30]는 평을 들었다. 국립극장 대극장 무대에서 규모가 큰 무용극을 안무하여 자신의 춤 세계를 확고하게 굳힌 조흥동은 1982년 대한민국 무용제 전야제에서 그의 한량무를「회상」이란 제목으로 첫선을 보였다.

## 춤사위

춤 내용은 먼저 무대 왼쪽 측면에 자리잡고 앉아 있다가 캄캄한 무대에 조명이 켜지고 청성곡(淸聲曲)이 시작되면 백색 도포에 검은 갓, 술띠와 갓신 차림에 큰 부채로 얼굴을 가린 선비가 등장하여 무상한 세월 속에 속절없이 가 버린 군자삼락(君子三樂)의 옛 추억을 떠올리면서, 사나이의 들끓는 정열과 자유분방을 억제한 유유자적으로 서서히 춤의 서두를 열어 나간다. 그의 「회상」은, 시의 첫머리를 기(起), 처음의 뜻을 이어받아 쓰는 것을 승(承), 중간에 그 뜻을 극적으로 전환하는 것을 전(轉), 전편(全編)을 거두어서 맺는 것을 결(結)이라고 하듯이, 시작(詩作)에서의 기승전결과 수미쌍관 형식의 무순(舞順)을 취하고 있다.

진양조에 이르면 온몸을 왼쪽으로 떨구고 지난날을 돌아보듯 하늘을 응시하다가 오른쪽에 중심을 두고 사선으로 양팔을 도포자락 안에 넣어 학사위를 만들고, 중모리에서 무대 중앙에 나서면 한 마리 고고한 학의 자태가 된다. 부채를 든 손을 사선으로 들어 올렸다가 부채로 바닥을 짚는 모습은 무상한 세월을 한탄하는 듯하고, 왼손바닥으로 부채 끝을 잡았다가 순식간에 펴면서 왼편으로 돌아 오른손을 여미는 동작은 한량의 상징성을 드러낸다. 중중모리에서는 부채를 활짝 편 채 어깨에 얹는 순간 접고, 부채를 다시 펴서 삼백육십 도로 원을 그리는 등 고도의 테크닉을 동원해 부채 놀리는 사위를 눈부시게 구사한다. 반무릎 상태에서 부채로 얼굴을 가린 후 사선 밑으로 내린 부채를 서서히 들어 올려 부채와 팔을 수평이 되게 하고, 활짝 편 부채를 사선 밑에서 옮기다가 다시 힘차게 올려친 후 양팔을 들어 올리면 부채가 머리 위에서 연꽃처럼 펼쳐진다. 오른손과 발을 놓으면서 잔걸음으로 도포자락을 날리다가 살짝 뛰어 도포를 훑고 앞뒤로 한 박자씩 번갈아 친 다음, 몸 안쪽으로 팔을 어르고 양팔을 벌리면서 잔걸음으로 호흡을 떨구면 부채도 호흡에 따라 자연스럽게 흔들린다. 부채로 얼굴을 가리면서 흥을 고르고 부채를 편 상태로 도포를 흩날리면서 앞뒤로 발을 빠르게 찍고 잔걸음으로 전진하여 돌고 맺으면서 힘찬 도약으로 감동적인 절조를 끌어낸다.

엇모리에서는 첫 박자에 부채를 편 후 몸을 돌려 잔걸음으로 호흡을 들어 올리고 부채를 접으면서 서서히 앉았다가 호흡을 맺은 다음 다시 잔걸음으로 달려나가고 양손을 어르면서 부채를 돌려 뛰고 반대방향으로 올려치며 현란한 발동작을 이끈다.

자진모리가 시작되면 부채를 사선으로 한 채 오른쪽으로 몸을 돌린 후 안으로 어르면서 일어나 큰 원을 그리면서 잔걸음으로 물러나다가, 부채를 앞에서 돌려 밀어내듯이 앞을 향해 나가며 도포자락을 치고 앉았다가 일어서고 부채를 돌리면서 살짝 뛰어 굴신한다. 다시 힘차게 호흡을 끌어올리면 이때 활짝 편 부채가 머리 위에서 후광처럼 빛난다. 이는 춤의 기교와 변이를 극적으로 반전시키는 대목이다.

춤의 내면성은 언 땅을 뚫고 파란 싹이 돋아나듯이 속절없는 한을 다스려 환희로 승화시키면서도 자연에 순응하는 여백미의 균형을 자아내고 있다. 발을 '六'자로 벌려서 '丁'자로 딛는 모습은 태평무의 발디딤새를 원용했고, 한 발을 드는 깨끼춤과 자연스럽게 노닐고 흐르고 당기고 밀고 맺고 푸는 모든 춤사위는 솟구치는 듯한 역동성을 간직한다. 갈 듯 말 듯, 뿌릴 듯 말 듯, 뛸 듯 말 듯 엇박자에 몸을 싣고 호흡을 조절해 힘차게 치솟아 날아갈 듯 비상한다. 그의 직선은 엄격하지 않고 부드럽고 따뜻하며 무수한 곡선과 광활한 나선을 그린다. 그는 이를 당당한 장부의 기상으로 다듬어서 독수리 같은 힘찬 도약과 무용에서의 대칭과 비대칭, 사선과 곡선, 나선 등을 모든 장면에서 절묘한 균형으로 연출해내고 있다.

춤을 끝마무리하려는 듯 다시 청성곡이 시작되면 부채를 펴서 얼굴 반 가슴 반을 가린 채 걸어가면서 부채를 들어 올렸다가, 도포자락을 훑어 제자리에 오면 맨 처음의 자세로 환원된다. 여기에는 한 발을 올린 채 목과 어깨를 어르는 없는 사위, 오른팔을 어깨 위에 얹고 이쪽저쪽으로 휘청거리는 '갈 지(之)'자 춤, 활사위와 학사위, 곡사위와 여다지, 활개펴기, 덧뵈기, 배김사위, 돌림사위, 겹사위와 찍는 사위, 다양한 장삼뿌림 사위와 회전(연풍대) 등 민속춤에서의 한과 흥과 멋이 깃든 다양한 춤사위를 새롭게 정리하고 있음을 간파할 수 있다.

그는 춤의 흐름에 따라 얼굴이나 눈의 각도를 어떻게 처리하고 팔을 어느 방향으로 올릴 것인지, 부채를 펼 때의 소리와 부채로 얼굴을 가릴 때의 호흡, 부채에 의지하여 바닥을 짚고 일어설 때, 호흡을 떨구면서 부채를 함께 떨군다든지 부채 끝이 천장을 향했을 때의 시선과 전체적인 몸의 균형을 계산하여 여러 방향으로 부채를 이용한 다양한 부채사위로 춤의 지루함을 없앴다. 이것은 한량의 멋과 풍류, 사통팔달의 춤사위를 적절히 안배하여 무대에서의 춤의 완성도를 극대화시킨다. 그러면서 어느 순간에도 능수능란한 여유와 기품으로 자연스러운 몸의 흐름에 따라 춤이 몸 속에서 침향(沈香)처럼 흘러나오고 있음을 보여준다.

### 의상과 춤장단

의상과 소품은 속적삼과 속고의에 바지저고리를 입고 두루마기 위에 쾌자 또는 도포를 입는다. 소품은 갓, 망건에 술띠를 매고, 부채를 들고 갓신을 신는다.

춤장단은 기존의 한량무들이 굿거리장단-자진모리장단-굿거리장단으로 구성된 데 비해, 조홍동 「회상」의 장단 구성은 청성곡〔상영산(上靈山)〕으로 시작하여 진양조(2장단)-중모리(7장단)-중중모리(51장단)-엇모리(14장단)-자진모리(30장단)를 거쳐 다시 청성곡이 연주된다.

악기 편성은 대금·거문고·아쟁·징·장구·가야금·구음 등 일곱 가지로 되어 있으며, 장구는 김덕수(金德洙), 구음은 박병천(朴秉千), 연주는 국립국악원 반주단 등이 반드시 현장연주로 하고 있다

그의 춤은 경남의 기방적(妓房的) 교태미나 고도의 세련된 정제미 이전에 물이 흐르듯 자연스럽게 여백의 미를 즐길 줄 아는 춤의 기품을 함축한 것이 특징이다. 그의 한량무 「회상」은, 무용극적인 한량무에서 약식화된 독무 한량무나 토속성이 강한 동래 한량무와는 근본적으로 다르다고 할 수 있다. 전통적으로 전해지는 한량무의 춤 내용을 적용하거나 차용한 것이 아니라 신무용적인 창작개념을 작품 속에 도입하여 자신만의 춤사위를 창조해 낸 것이다.

한국적 이미지를 부각시킨 독특하고 정돈된 춤사위, 간결하고 단아하게 절제되어 있는 춤의 진행과 무자(舞者)의 곡진한 품격을 되살리면서 춤 속에 무심(無心)과 무심중에 무심(舞心)의 감동을 유발하여 슬픔과 즐거움, 인생무상과 유상, 흥취와 정취를 그려내고 있다. 즉 내면에서 우러나오는 힘은 흥과 한과 멋이 어우러지고 죄고 푸는 긴장과 이완의 연속이 유장하게 이어지는 무기교의 기교라 할 수 있다. 이러한 연약성과 유약성, 한스러움을 바탕에 두면서 조홍동의 한량무는 남성적인 역동성과 장부의 기백, 절세가인의 풍류와 낭만을 스러지며 솟구치듯 큰 가락과 높은 가락으로 작품화하고 있다. 그리고 이 춤은 한국춤의 발전 과정에서 한국춤이 여성춤이라는 고정관념을 깨고 남성춤의 멋을 살려낸 춤의 하나로 그 획을 그었다.

## 「회상」에 대한 평가

조흥동의 한량무 「회상」이 처음 선보였을 때 "「회상」은 독특한 자기만의 춤태를 가미한 작품으로 전통적 한량무에 따른 춤사위의 다양성 추구, 한국적 이미지를 부각시킨 절제된 춤사위, 단아하면서도 범접할 수 없는 품위를 드러내어 그를 이 시대 최고의 춤꾼으로 지칭하는 데 손색이 없다"[31]는 평을 들었다.

당시 한국문예진흥원장 송지영(宋志英)은 "우리나라 남성 무용수가 언제부턴가 여성화 아니면 중성화돼 버린 현실에서 조흥동의 춤은 단연 돋보이는 존재이며 그의 춤은 남성 무용수로서 갖춰야 할 활력과 기백이 넘친다"는 찬사를 보냈다. 원로 극작가로서 당시 대한민국 예술원 회장 차범석(車凡錫)은 조흥동의 「회상」과 관련해 다음과 같이 쓰고 있다.

"남성 무용가가 드문 현실에서 조흥동의 춤 세계는 확고부동하다. 첫째 그의 신체적 조건이 가장 알맞다는 외적인 인상도 배제할 수 없다. 특히 활력과 절도와 여운이 잘 어우러져서 높은 기품마저 느끼게 하는 한량무는 거세된 중성화가 아닌, 한국춤의 남성미를 정착시켰다는 점에서 큰 성과라고 할 수 있다."[32]

실제로 그는 균형잡힌 신체 조건과 잔잔한 관옥(冠玉)에, 미소를 잃지 않으면서 자신의 모든 허물이 풀릴 때까지 묵묵히 끈질기게 기다리는 강한 인내심을 지녔다. "말없이 자기 춤의 실체를 보여준 그를 빼고는 한국무용사를 말할 수 없다"는 정병호(鄭昞浩)의 말은 이를 뒷받침하고 있다. 미국에서 활동하는 무용평론가 이병임(李丙姙)은 "세련되고 정겨운 조흥동의 춤의 귀태는 모처럼 무대에서 귀인을 만났다는 반가움을 준다"고 했다.

"어쩌면 조흥동만이 지닌 멋이라고 해도 좋을 조흥동 특유의 단아함이 돋보였던 「회상」은 언제 보아도 조흥동의 춤이라는 생각을 하게 한다. 조택원·정인방이 추었던 한량무와는 달리 가락과 춤사위를 다시 정리하여 무대에 올린 조흥동류의 한량무로서, 선비의 고고한 자태와 품위를 마치 뽐내는 듯 표현하는 연기와 남성춤으로서의 강하고 굵은 선 처리가 돋보인다.

시종 정적이면서도 자신감있게 표출되는 조흥동의 분위기와 정결한 모습으로 형상화된 무용언어에서 우리는, 조흥동의 춤 세계는 그만의 개인적 영역이 아니라 한국춤의 오늘을 대표하고 있고 동시에 내일로 이어지는 큰 줄기로 자리잡아 가고 있음을 확인할 수 있었다."[33]

그리고 무용평론가 김태원(金泰源)의 평은 다음과 같다.

"조흥동이 가진 시종 차갑게 느껴지는 표정이 선비 특유의 무감정의 절제미와 어울리면서 한 몸 속에 갇힌 냉엄함의 기운과 풍류의 기운, 두 체온의 양면성을 읽게 해준다. …창작무용은 표현성이 강조되면서 진지함과 긴장감이 따르는 데 비해서, 신무용은 비록 짧은 공연의 길이는 같지만 조탁된 균형성을 존중한다. 그러면서도 그 춤은 지나치게 자아에 집착하기보다는 움직임의 서정적 표출을 더 존중한다. 한량무의 분위기를 가지면서도 더 억제된 움직임을 쓰면서 무대 공간의 후면에서 추어지는 짧고 효과적인 신명남의 춤, 그리고 춤의 구도에 있어서 공간의 비대칭적인 균형성을 적절히 활용한 이 춤은 우리 신무용사의 한 레퍼토리로 삼아 보고 재음미해 볼 만하다."[34]

그는 국립무용단을 떠나 1997년 서울예술단 총감독이 되면서 민족의 한과 역사에 대한 아쉬움을 한과 살로 푸는 「비나리」와 「천년의 춤, 그 맥」을 작업했고, 2000년 경기도립무용단의 총감독으로 취임한 후에도 「황진이」 「마의 태자」 「삼별초의 혼」 등 역사와 역사 속의 인물을 무용으로 형상화하는 작업을 통해 우리 시대가 거쳐 온 춤의 뿌리와 춤이 변이 발전되는 과정을 끈질기게 '춤의 맥(脈)'으로 정리해냈다. 단일한 창작무용으로는 「비상」 「산조」 「초혼무」 「고성의 무맥」 등이 그의 춤제(舞題)가 깃든 작품들이고, 산조의 경우 대금 산조, 빠른 산조, 수건 산조로 세분화해 추면서 장구춤·살풀이춤·호적시나위 등은 수없이 손질되고 다시 짜여져 정중동(靜中動)의 여백을 살린 수작으로 평가되고 있다.

"죽는 날까지 춤만 추고 싶다"는 그는 2002년 「춤 입문 50년, 조흥동 춤의 세계」에서 그의 대표작으로 일컬어지는 태평무와 진쇠춤, 한량무와 호적시나위 남성 삼대, 초립동을 정리해 주었고, 우리 시대가 거쳐 온 춤의 맥과 모든 변이 과정을 일목요연하게 보여줌으로써 그가 춤에 바친 한평생을 한국무용의 현대사로 집대성했다. 옛 가락과 춤사위를 정리하여 치밀한 구도로 재탄생되어 1980년대 이후 독무로서 독립된 그의 한량무 「회상」은 남성춤의 대표작으로 손꼽히게 되었다. 이제 각 발표회에서 남성 무용수들은 독무 또는 세 명 혹은 다섯 명으로 구성하여 그의 「회상」을 추고 있다.

2004년 2월 21-22일 문예진흥원 예술극장 대극장에서 열린 「이천사년 조흥동 춤의 세계」에서는 조흥동을 비롯한 열네 명(조흥동·윤성철·황호재·신광식·김의식·이영진·신진욱·주승호·김은중·김용범·강훈·이용규·정명훈·박성욱)이 극춤이 아닌 조흥동류 독무 한량무를 선보였다.

두루 살펴봤듯이 조흥동의 한량무는, 조선조 호반(豪班)이 즐겨 추던 전통적 민속적 색채가 강한 풍자극의 범주에서 벗어나 무용가 자신의 구상과 안무를 통해 새로운 예술작품으로 창작된 것이다. 초기에 창작된 독무 한량무는 건들대고 술에 취한 듯이 '갈 지(之)' 자로 걷는 춤으로 시작해 그 다음은 인생의 희로애락을 경험하고 인생의 허망함을 느끼는 탄식의 춤으로 끝을 맺고 있는 데 비해, 조흥동의 한량무 「회상」은 한 선비가 젊은 날의 모든 시속취(時俗趣)를 떨쳐 버린 채 꼿꼿하고 고결한 선비의 기개를 지키고자 미래를 사유(思惟)하는 춤이다. 이른바 관조(觀照)의 강가에서 그가 걸어온 피안의 언덕을 중용의 시선으로 바라보면서 내일을 기약하는 춤, 고뇌하는 지식인의 춤으로 「회상」을 추고 있다. 산대놀이에서 보았던 양반에 대한 현실 고발과 치열한 비아냥조의 무용극적인 춤이 아니라, 이는 인생을 아는 한 사나이의 묵념(默念)이다.

그 누구도 넘볼 수 없는 춤태(舞態)와 춤기(舞技)의 도도함, 장단과 장단 사이를 넘나드는 해석과 아름다운 움직임은 오랜 체관(諦觀)을 거쳐 몸 한가운데 힘의 원천이 있음을 꿰뚫고 있다. 그는 춤사위를 하나도 허투루 다루지 않고 마음속에서 우러나오는 진정한 부드러움과 고여 있는 향기를 길러내듯 아름답게 춤춘다. 그는 한량무로써 자신의 명무(名舞)를 성취했으며, 그의 신명은 끝이 보이지 않는 예술의 극치를 언제나 추구하는 도정에 서 있다.

# 주(註)

1. 성경린,『한국의 무용』, 세종대왕기념사업회, 1976, p.212, p.215; 성경린,『한국전통무용』한국문화예술대요 19, 일지사, 1979, pp.95-96.
2. 전은자,「한량무를 통한 변형적 특이성에 관한 연구」,『대한무용학회』제27호, 2000; 홍웅기,「한량무에 관한 비교연구─교방가요와 구전을 중심으로」, 세종대학교 대학원 석사학위논문, 1991; 전미영,「현 한국무용에 나타난 고려기방무의 구조적 분석」, 세종대학교 대학원 석사학위논문, 1998; 김온경,『한국민속무용연구』, 형설출판사, 1982.
3. 정병호,「무용론(舞踊論)」,『서울 육백년사』, 서울특별시, 1990, p.1297. 당시 관비(官婢)와 관기(官妓) 들은 여악(女樂) 담당기관인 교방(敎坊)에서 가무를 교습받은 후 각 지방의 감영(監營)에 배치되었다.
4. 이세기,『여유와 금도의 춤』, 푸른사상, 2003, p.282.(강선영 선생 육성 증언)
5. 이능화(李能和), 이재곤(李在崑) 역,『조선해어화사(朝鮮解語花史)』, 동문선, 1992, p.113, p.494, p.505 참조.
6. 1865년 진주 목사(牧使) 정현석(鄭顯石)이 시가(詩歌)와 무곡(舞曲)을 모아 엮은 책.
7. 기생은 고려 11대 문종(文宗, 재위 1046-1083) 때 팔관회(八關會) 여악제도(女樂制度)에서 비롯되었다. 조선조에서는 장악원(掌樂院)에서 궁중예악을 관리했는데, 1897년 장악원이 교방사(敎坊司)로 바뀌었고, 1907년에는 여악제도를 폐지했다. 장악원 시대에는 각 지방에 교방이 있었고 이것이 각 지방의 기생조합으로 이어졌다. 서연호,『한국전승연희의 원리와 방법』, 집문당, 1997, p.175.
8. 정병호,『풍속가사집』, 신구문화사, p.64; 정병호,『한국 춤』, 열화당, 1985, p.39.
9. 김온경,『한국민속무용연구』, 형설출판사, 1982, pp.265-266.
10. 정병호,『한국의 민속춤』, 삼성출판사, 1991, p.27.
11. 정병호,『한국의 전통춤』, 집문당, 1999, p.241, p.693.
12.『한국의 문화예술』, 문화부, 1992, p.204.
13. 정병호,『한국의 전통춤』, 집문당, 1999, p.240.
14. 장사훈,『한국전통무용연구』, 일지사, 1977;『1970년 무형문화재음악조사보고서』VI; 정범태,『명인명창』, 깊은샘, 2002, p.561.
15. 홍웅기,「한량무에 관한 비교연구」, 1991.(김천흥 선생 육성 증언)
16. 단국대 공연예술연구소 편,『근대한국공연예술사 자료집』1, 단국대 출판부, 1984, p.151.
17. 이세기, 앞의 책, p.72, p.282.
18. 위의 책, p.282.
19. 강이문, 민족미학연구소 엮음,『우리춤의 전통과 창조성』, 현대미학사, 2002, p.308, p.313.
20. 위의 책, p.307, p.309.
21. 문화재관리국 문화재연구소 편,『승무·살풀이춤』서울·경기·충청편(무형문화재 조사보고서), 문화재관리국 문화재연구소, 1991, p.11.
22. 김종욱,「사료를 통해 본 최승희의 국내무용」, 송수남 엮음,『한국 근대춤 인물사』1, 현대미학사, 1999, pp.96-97.
23. 정병호,『춤추는 최승희』, 뿌리깊은나무, 1995, p.90.
24. 위의 책, p.152, p.417.
25. 강이문, 민족미학연구소 엮음,『한국 무용문화와 전통』, 현대미학사, 2002, p.200.
26. 한국문화예술진흥원 편,『문예연감』, 한국문화예술진흥원, 1976, p.464.
27. 김상화,「극적인 춤의 명수 정인방」,『한국 명무전』, p.50.(1982년 6월 3-4일 세종문화회관

대강당에서 열린 정기공연 프로그램)
28. 최현(최윤찬),「한국무용을 위한 창작방법론 연구」, 중앙대학교 예술대학원 예술경영학과 예술학 전공 석사학위논문, 2002, p.15.
29. 안영화,「조홍동의 춤세계—한량무를 중심으로」, 숙명여자대학교 전통문화예술대학원 전통무용전공 석사학위논문, 2003, p.37.
30. 김영태,「옛 춤에서 오늘의 춤을」『월간 춤』, 1995. 11.
31. 2002년 3월 15일 서울 대학로 문예극장 대극장에서 열린「춤입문 50년, 조홍동 춤의 세계」프로그램.
32. 위의 자료.
33. 이병임, 1997년 서울 대학로 문예극장 대극장에서 열린「조홍동 춤의 세계」프로그램.
34. 김태원,「담백미와 절제의 조화—조홍동의 회상 리바이벌」『월간 춤』, 1996. 12.

# 참고문헌

### 저역서

강이문,『한국무용문화와 전통』, 현대미학사, 2002.
_____,『우리춤의 전통과 창조성』, 현대미학사, 2002.
김온경,『한국민속무용연구』, 형설출판사, 1982.
김재철,『조선연극사』, 민음사, 1974.
단국대공연예술연구소 편,『근대한국공연예술사자료집』I, 단국대 출판부, 1984.
문화재관리국 문화재연구소 편,『승무·살풀이춤』서울·경기·충청편(무형문화재 조사보고서), 문화재관리국 문화재연구소, 1991.
_____,『삼현육각』, 문화재관리국 문화재연구소, 1984.
서연호,『한국전승연희의 원리와 방법』, 집문당, 1997.
성경린,『한국전통무용』, 일지사, 1979.
_____,『한국의 무용』, 세종대왕기념사업회, 1976.
송수남 편,『한국 근대춤 인물사』1, 현대미학사, 1999.
안제승,『한국무용사』, 대한민국예술원, 1985.
이능화, 이재곤 역,『조선해어화사(朝鮮解語花史)』, 동문선, 1992.
이두현,『한국무속과 연희』, 서울대학교 출판부, 1996.
이석래,『풍속가사집』, 신구문화사, 1974.
이세기,『빛을 가꾸는 에피큐리언』, 푸른사상, 2002.
_____,『여유와 금도의 춤』, 푸른사상, 2003.
_____,『예술을 뚫고 들어간 사람들』, 푸른사상, 2004.
장사훈,『한국무용개론』, 대광문화사, 1984.
_____,『한국음악사』, 정음사, 1970.
_____,『한국전통무용연구』, 일지사, 1977.
정범태,『명인명창』, 깊은샘, 2002.
정병호,『한국의 민속춤』, 삼성출판사, 1991.
_____,『서울 육백년사』, 서울특별시, 1990.
_____,『춤추는 최승희』, 뿌리깊은나무, 1995.

_____, 『한국 춤』, 열화당, 1985.
한국문화예술진흥원 편, 『문예연감』, 한국문화예술진흥원, 1976.
대한민국예술원 편, 『한국예술사전』 4권(연극/무용/영화편), 대한민국예술원, 1995.
『1970년 무형문화재 음악조사보고서』 IV.

### 논문

김정임, 「한량무 형성 및 춤사위에 관한 연구」, 용인대 석사학위논문, 2003.
안영화, 「조흥동의 춤세계—한량무를 중심으로」, 숙명여대 석사학위논문, 2003.
전은자, 「한량무를 통한 변형적 특이성에 관한 연구」, 『대한무용학회』 제27호, 2000.
최현, 「한국무용을 위한 창작방법론 연구」, 중앙대 예술대학원 논문, 2002.
홍웅기, 「한량무에 관한 비교연구」, 세종대 석사학위논문, 1991.

이세기(李世基, 1940- )는 이화여대 국문과 및 동대학원을 졸업하고, 『조선일보』 신춘문예에 소설이 당선되어 등단했다. 『서울신문』 논설위원을 거쳐 현재 영상물등급위원회 영화소위 의장으로 재직 중이다. 소설집으로 『바람과 놀며』 『그 다음은 침묵』, 예술가들에 대해 쓴 책으로 『자유와 날개』 『빛을 가꾸는 에피큐리언』 『예술을 뚫고 들어간 사람들』 『여유와 금도의 춤』, 무용대본으로 「비파연」 「노닐며 스러지며 솟구치며」 「춤으로 본 풍류사」 등이 있다.

## Introduction
# Hallyangmu,
# The Korean Traditional Dance of Aristocrats

*Hallyang* (閑良) is the term referring a *yangban* (the aristocrat) who failed to take an official post during the Joseon Dynasty or manly man who has an eye for taste, and Hallyangmu (閑良舞) is the dance which *hallyangs* danced at an entertaining scene. Originated from mask dance, Hallyangmu is known to have become an independent dance since *hallyangs* who hung around at *gibang* (妓房, a bar of female entertainers) from the late Joseon Dynasty to the Japanese colonial period.

First performed by Namsadang-pae (男寺黨牌, a professional troup of entertainers singing and dancing, playing instruments and drama), and later performing at *gibangs*, this dance is a kind of dancing drama, rather than a pure dance. Namsadang-pae was showed as part of sideshow at a banquet and later re-created as an indoor dance by Jinju *gyobang ginyeo* ("gyobang" means the government office which supervised female entertainers, and "gynyeo" refers to female entertainers). Hallyangmu is one of the performing arts, which constitute the deep culture produced and enjoyed by the Korean people as well as the national foundation. Hallyangmu is divided largely into drama dance Hallyangmu and solo Hallyangmu. Regarding the origin of Hallyangmu as a drama dance, some claim that it was based on Sandae-nori (a type of mask dance drama), while others insist that it was derived from *Gyobanggayo* (a guide to court dances and music edited by Jeong Hyeon-seok in 1872). First of all, the former insists its connection to Sandae-nori, which was done in palace on the lunar last day of the year to exorcise evil spirits, similar to an ancient Chinese ritual Narye (儺禮, a ritual to exorcise evil sprits on the lunar last day of the year in household and palace). As the state had greatly reduced the size of Narye since the rein of Injo (仁祖, 1623-1649), Namsadang-pae who had engaged in dancing, singing, and other performance in Sandae-nori and Bongsan-talchum (mask dance in Hwanghae-do Bongsan region) created a dance drama expressing their joys and sorrows and ridiculing formal morality, drifting along and established it as drama for common people later. Main themes of Sandae-nori and Bongsan-talchum were satires on society including adultery, jealousy of a lawful wife toward the concubine, and deviations of depraved monk, ridiculing the nobility. As a drama dance, Hallyangmu took its major storyline from Bongsan-talchum of which main characters were *nojang* (old monk), *somu* (a young shaman woman), and *chwibari* (the roving bachelor), while in the course of being inherited as Hallyangmu, *nojang* was changed into monk, *somu* into *saeksi* (*gisaeng*, female entertainers), and *chwibari* into *hallyang* (*yangban*), with a slight modification of their role.

Additionally, according to the theory that it was derived from *Gyobanggayo*, Buddhist dance of Gyobanggayo had *noseung* (old monk), *hallyang*, *gisaeng*, and *sangjwa* (the high priests) as elements of dancing drama, almost identical in the story with current Jinju Hallyangmu originated from Jinju *gyobang* and *gwonbeon* (券番, *gisaeng*'s union during the Japanese colonial period). Specifically, the dance is mainly about a triple love affair of *hallyang*, *noseung*, and *gisaeng*; while *hallyang* is away, *noseung* comes out and seduces *gisaeng*, and when *hallyang* returns and see *gisaeng* playing with *noseung*, he gets angry, which indicates that the dance is similar to Act of *nojang* in Bongsan-talchum.

Such attractiveness of Hallyangmu as a drama dance is that it talks about an honorable man of refined taste, featuring manly and open-hearted dance of *hallyang*, Geodeureum-chum (swaggering dancing form of *hallyang*) and Jangsam-ppurim (a motion of Buddhist dance in which the dancer scatters *jangsam* to the air) of the monk, modest and coquettish dance of *gisaeng* lingering between *hallyang* and monk, and captivating hip dance of *Jumo* (a waitress).

Hallyangmu as a solo dance is separated from dancing drama Hallyangmu, giving more weight on the role of *hallyang*. Moving in on theater stages, Hallyangmu began to be independently performed as a solo dance with a drama like Hallyangmu, and such solo Hallyangmu was also called impromptu dance, Heoteun-chum, or dance of scholar.

Male dancers such as Mun Jang-won, Kim Jin-hong, and Hwang Mu-bong, who have inherited and handed over the traditional Korean dancing in general, have contributed to the development of solo Hallyangmu, incorporating their uniqueness and undergoing constant changes, with the transitions of social sentiment and aesthetic consciousness. Unlike Hallyangmu inherited and developed by Namsadang-pae or dancers of later times, solo Hallyangmu is characterized by the fact that dancers perform as his or her own dance, re-organizing it on the basis of unique capabilities, skills, individuality, and creativeness. Choi Seung-hee, Cho Taek-won, Jeong In-bang, and Choi Hyeon are renown dancers who handed over solo Hallyangmu, followed by Cho Heung-dong (趙興東, 1941- ), who has inherited Hallyangmu today through the creative dance *Reminiscence* a part of his new-dance series.

He was born in 1941 at Bubal-eup, Icheon-si, Gyeonggi-do and had seen well-know dancers of the time, Eeom Young-yeon and Cho Tae-ho performing Hallyangmu with a fan, from the childhood as a *mudong* (舞童, dancing boy on someone's shoulder) belonging to Sadang-pae (troupes of female entertainer). Later, he mastered all the traditional dancing movements of great dancers including Kim Cheon-heung, Lee Mae-bang, and Han Yeong-suk, and handed over such movements and further studied his own unique dancing techniques, which were melted into his own creative dances and large-scaled dancing drama based on excellent choreography and direction skills, designed for theater stages. As the essence of his realm of dancing, Hallyangmu *Reminiscence* is a large-scaled dancing drama, which was first performed in 1982 on the eve of the Korean Dancing Festival. As rebirth of traditional rhythm and dancing movements in a well-organized plot, his Hallyangmu was assessed as excellent in the performance effectively expressing elegant airs and dignity of a scholar and stronger and massive movements as a male dance, compared to the Hallyangmu performed by Cho Taek-won and Jeong In-bang.

His dance expresses sorrow and joy, vanity and meaning of life, and taste and sentiment and puts an emphasis on lofty dignity of a dancer (舞者) through unique and orderly movements reflecting the Korean image and clear, modest, and reserved performance. Moreover, via the harmony of pleasure, grief, and taste, as well as a repeat of tension and relaxation, hidden power of the dance is unfolded. On the basis of fragility and weakness, and lamentation, his Hallyangmu express manly dynamics, spirit of mighty man, and taste and romanticism of beauty in rising strong and high rhythms. In addition, this dance has been said that it successfully showed the attractiveness of male dance in the course of development of the Korean dance, breaking the fixed conventional wisdom that the Korean dancing is that of women. He has achieved the realm of excellence as a dancer through his Hallyangmu and continues his effort to reach the perfection of arts, which is hard to get.

# 閑良舞 舞譜

그 누구도 넘볼 수 없는 춤태舞態와
춤기舞技의 도도함, 장단과 장단 사이를 넘나드는
해석과 아름다운 움직임은 오랜 체관諦觀을 거쳐
몸 한가운데 힘의 원천이 있음을 꿰뚫고 있다.
그는 춤사위를 하나도 허투루 다루지 않고
마음속에서 우러나오는 진정한 부드러움과
고여 있는 향기를 길러내듯 아름답게 춤춘다.

# 지나온 세월을 회상하며 미래의 삶을 생각해 보네.

1. 무대 하수 두번째 막에서 안으로 이 미터, 무대 전면 끝에서 안으로 삼 미터 되는 지점에 앉는다. 오른무릎을 왼무릎 위로 겹쳐 앉고 오른손으로 부채를 펴 얼굴을 대각선으로 가리고 왼손은 오른발 위에 살며시 놓는다.

2. 여섯 박에 부채를 대각선으로 든다.

3. 다음 여섯 박에 부채를 수평으로 내린다.

부챗살 하나하나에 깃들인 시간의 흔적들이여.

4. 수평으로 편 부채를 여섯 박에 다시 원위치로 모은다.

5. 여섯 박 동안 부챗살을 하나씩 왼손으로 접는다. 호흡을 크게 하고, 감정은 장부의 기상을 나타낸다.

허공을 바라보니 인생이 허무함을 알고, 이내 내 마음도 비게 되리니.

6. 접은 부채의 끝을 왼손으로 잡는다.

7. 시선을 아래로 떨구다가
서서히 고개를 들고 멀리 바라본다.

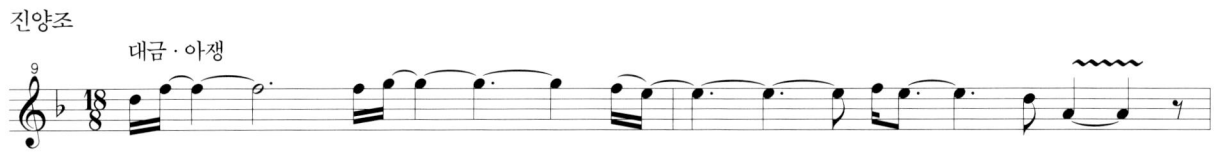

또 다른 곳, 어디론지 가야 할 곳을 찾아 떠나네.

8. 고개와 시선을 왼쪽으로 돌리며 땅에 떨군다.(진양조 한 장단)

9. 오른무릎을 세우고 부채를 서서히 끌어당겨 오른무릎 위에 얹는다.(진양조 한 장단)

10. 왼손을 끌어당겨 왼무릎 위에 놓고 일어선다.(진양조 한 장단)

자태를 가다듬어 도약을 준비하는 몸가짐은 정갈하고도 힘이 있지만,

11. 두 손을 앞으로 모으고 차츰 아래로 내리면서 양손으로 도포 자락을 들어올린다.

12. 오른발을 끌어올리면서 몸의 중심을 왼발에 둔다.(중모리 한 장단)

중모리

한 발씩 내디디면 지난날이 떠오르고, 다가올 날들은 멀고도 아득하네.

13. 도포를 들어올려 학의 형상으로 선다.

14. 자세를 유지하면서 방향을 왼쪽으로 바꾼다.

15. 학의 걸음걸이로 굴신하며 무대 하수에서 중앙을 향해 걸어 나간다.

지나온 여정, 그 한가운데에서 과거와 미래가 교차하는구나.

16. 무대 앞 중앙에 앉는다.

17. 고개를 들어 객석 앞 왼쪽 상단을 멀리 바라본다.

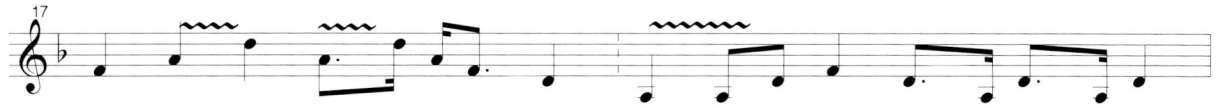

## 저 멀리, 그 어디에 나의 길이 있을지니.

18. 부채를 들어 객석 왼쪽에서 오른쪽 방향으로 고개를 돌린다.

19. 객석 오른쪽 상단을 의식하며 잠깐 손을 멈춘다.

20. 부채로 객석 오른쪽의 한곳을 가리키며 시선을 멈춘다.(중모리 한 장단)

지금까지 걸어온 길을 돌아보며 앞으로의 길을 가늠하여,

21. 부채를 무대 바닥에 내리찍고 과거를 회상한다. (중모리 한 장단)

22. 고개를 들어 부채를 수평으로 젖혀 들고 왼손은 왼무릎 위에 놓는다.

23. 일어서며 왼손으로 도포를 몰아 들고 오른발로 한 걸음 한 걸음 뒷걸음질한다. (중모리 한 장단)

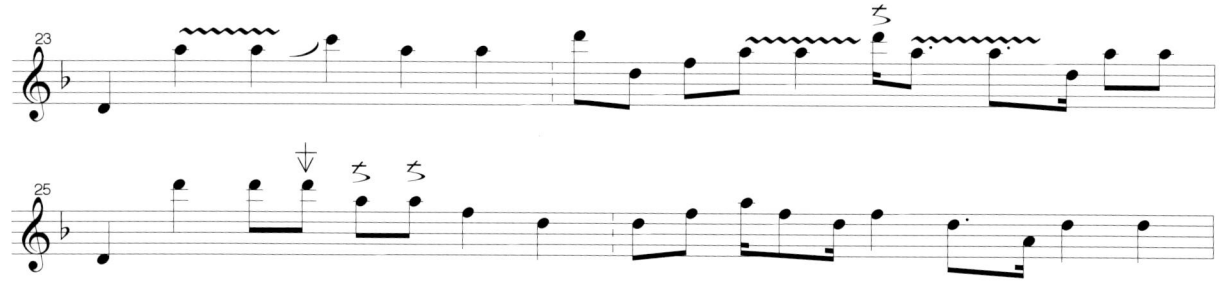

희망과 꿈속에서 헤매던 지난 시간들을 뒤로 하고, 새로운 세계를 향해 나아가리라.

24. 부채를 오른쪽으로 감아 돈다.

25. 두 손을 들고 무대 중앙으로 한 걸음 한 걸음 걸어간다.

26. 뒤로 두 손을 모으고 마지막 한 박에 무대 중앙으로 돌아선다. (중모리 한 장단)

# 샘솟는 영감, 흘러나오는 신기(神氣)를 하나하나 풀어내며,

27. 두 손을 모아 무릎을 향해 천천히 내리면서 양손을 옆으로 들어올린다.

28. 시선을 객석의 하단 왼쪽에 둔다.

29. 객석의 상단 오른쪽 끝까지 시선을 이동한다.

시나위합주(굿거리)

봄 여름 가을 겨울, 윤회하는 계절처럼 돌고 도는 춤사위.

30. 오른손을 들어 부채를 펴 들고 왼손은 수평으로 든다.

31. 왼쪽으로 방향을 바꾼다.

32. 중심을 왼발에 두고 오른발로 감아 돈다.(굿거리 네 장단)

# 덧없는 인생 속에 춤의 행로는 멀고도 길구나.

33. 무대 중앙에서 하수를 향해 대각선 방향으로 서서 첫 박에 양손을 옆으로 들어올린다.

34. 수평으로 든 두 손을 원위치로 감아 내린다.

35. 발의 디딤새는 오른발 먼저 디딘 다음 왼발을 내디딘다.(굿거리 두 장단)

먼 길을 돌아 멈춰 서면 굴곡진 날들을 매듭지을 수 있으려나.

36. 앞의 동작과 같은 사위로 두 박 동안 진행한다.

37. 춤동작은 앞의 동작을 큰 동작으로, 나머지 두 박 동안은 작은 동작으로 한다. (굿거리 두 장단)

# 기로에 선 나그네처럼 발걸음도 무거워라.

38. 반복된 사위를 멈추고 오른발 뒤꿈치를 찍어 앞뒤로 어르다가 멈춘다.

39. 하수 방향을 향해 서서, 엇박자로 갈 듯 말 듯 하는 견줄사위를 한다.

마음의 흐름을 따라 발끝으로 짚어 보니 춤의 행로가 어렴풋이 보이고,

40. 오른발을 이용해 앞뒤로 견준다.

41. 하수를 향해 걸어간다.

42. 마지막 박자에 학체로 도포를 펴고 날아가듯 걸어가 하수에서 멈춘다.
(굿거리 두 장단)

어차피 가야 할 춤의 길, 한 마리 학처럼 날아올라 보자꾸나.

43. 오른손은 앞으로, 왼손은 뒤로 하여 허리를 여민다.

44. 두 손을 서서히 들어올린다.

45. 양팔이 수평이 될 때까지 들어올린다.

다시 한번 마음을 가다듬고, 휘어 감은 두 손에 멋과 흥취를 실어 올리네.

46. 부채를 든 오른손을 머리 옆에서 왼쪽 방향으로 돌려 감는다.

47. 옆으로 들었던 오른손은 어깨 위로, 왼손은 허리에 갖다 대며, 왼손과 오른손으로 곡선을 이루어 균형을 잡는다.

한쪽 어깨에 걸쳐 놓은 부채는 장부의 거드름을 부추기는구나.

48. 앞 동작에서 왼손만 들어 수평으로 올린다.

49. 오른발로 감아 왼쪽으로 멈춤 없이 돈다.

50. 앞 동작에 이어서 계속 움직이며 돈다. (굿거리 두 장단)

무엇이 나를 춤추게 하는지 스스로에게 물어 보며,

51. 오른발로 뒤로 한 걸음 옮기면서 부채를 앞으로 편다.

52. 무대 하수 위치에 서서 부채를 무대 상수로 향하게 한다.

53. 부채를 서서히 하수 방향으로 옮긴다.

삶의 매듭을 지었다 풀듯 심중心中을 흔들어 보네.

54. 부채를 돌려 등 뒤에 붙이고
몸을 앞뒤로 견준다.(굿거리 두 장단)

모든 것을 포용하는 넉넉한 마음이 장부의 기상일지니,

55. 오른발로 뒷걸음치고
왼발로 또 한번 뒷걸음친다.

56. 부채를 앞으로 뽑아 한 바퀴 돌린다.
부채의 손잡이가 위로 오게 하여
손등이 자유자재로 움직일 수 있어야 한다.
동작 자체가 독립되어 완벽해야
한다.(굿거리 한 장단)

57. 마지막 박자에 부채를 한 바퀴 더 돌린다.
한 걸음 한 걸음 뒷걸음치면서
무대 중앙으로 이동한다.(굿거리 한 장단)

지상의 만물과 대기의 평온함을 이 부채에 담아내리라.

58. 반무릎으로 굴신하여 부채를 몸 왼쪽으로 누인 다음, 다시 오른쪽으로 몸을 틀어 일어선다.

59. 양손을 수평으로 유지한 채 일어서면서 부채를 한 번 뒤집는다. (굿거리 두 장단)

부채의 돌림은 춤의 획을 긋듯 잠시 쉬어 가는 삶을 담아 움직이며,

60. 부채를 어깨 위와 목 사이에서
한 바퀴 돌린다.

61. 왼손을 옆구리에 얹고
오른쪽 방향으로 돈다.

바람에 흔들리는 수양버들처럼 유연하게 휘어 감는 몸짓에는,

62. 무대 중앙에서 상수를 향해 대각선 방향으로 서서, 오른발로 디디며 왼손을 감아 돌린다.

63. 왼발을 디디며 오른손으로 감아 돈다. (굿거리 두 장단)

한량의 멋스러움, 사내의 기상이 배어 있네.

64. 앞의 음악에 맞추어 몸을 계속 상수 방향으로 돌린다.

65. 왼손을 오른쪽 어깨 방향으로 옮긴다.

# 장부의 굳은 의지와 절개를 모은 두 손을 한쪽 어깨에 싣고,

66. 양손을 오른쪽 어깨에 모아 붙이고
오른발로 두 박, 왼발로 두 박을 걷는다.

67. 다시 오른발을 앞뒤로 어르다가 멈추고,
약간 도약하는 듯 뛰어 무대 상수에
살짝 앉았다 일어선다. (굿거리 두 장단)

사내의 기품과 무게를 담아 발 디딤새 하나에 모으니,

68. 발을 반듯하게 해서 앞의 음악에 맞추어 뒤꿈치와 발가락을 번갈아 찍는다. 이때 무게 중심도 발동작에 맞추어 이동시킨다.

드높은 하늘로 훨훨 날아오를 듯한 학의 기세가 절로 솟아나는구나.

69. 땅 위에 내려 앉은 학의 모습처럼
쪼그리고 앉은 자세에서
부채를 바닥에 찌르는 듯 내린다.

70. 두 손을 들어 두 장단 동안 들었다
다시 아래로 맺는다.

71. 한 장단 동안 두 손을 다시 들어올린다.

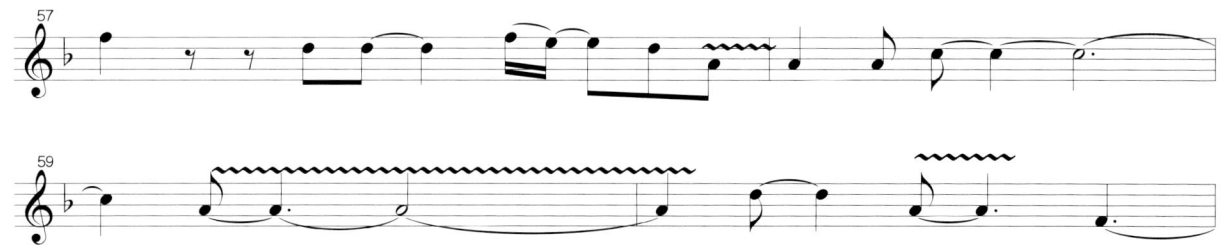

먹이를 찾아 사뿐히 내려앉은 날렵한 한 마리 학처럼,

72. 두 손을 무대 뒤에 놓는 듯하면서
첫 박에 부채를 높이 들어 왼쪽으로
몸을 튼다. 이때 앉은 자세가
흐트러지지 않도록 한다. (굿거리 한 장단)

돌고 돌아 이내 한 몸 뿌리내리니, 생명의 원리가 바로 이것이로구나.

73. 앞 음악에 연속해서 앉은 자세로
왼쪽으로 돌아 일어선다.

# 균형 이룬 몸짓으로 기운차게 휘돌아 가고,

74. 상수에서 무대 중앙을 향해 대각선으로 오른발을 디디며 오른손을 감고, 왼발을 디디며 왼손을 감는다.

75. 두 박자로 두 걸음을 걷고, 두 손을 모아 도포를 들어 올린다.(굿거리 한 장단)

지난 시름 모두 잊고 수많은 나날의 여정을 고이 접어 깊은 생각에 홀로 잠기니,

76. 학체를 하고 좌우로 어르며 움직인다.

77. 학체를 유지하며 중앙으로 나아간다.

78. 다시 학체를 하고 두 손을 뒤로 모은다.

인생의 아름다움이 지나온 뒷모습에 있음을 깨닫노라.

79. 무대 중앙에서 한 걸음 뒤로 가서 멈추어 도포를 펼친다. 한 장단 동안 정지해 있는 동작이다.

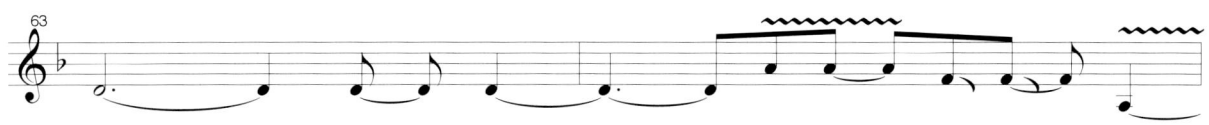

인간만사 모든 것, 제행무상諸行無常일지니,

80. 도포를 놓으며 왼손은 오른쪽으로 감고 오른손은 왼쪽으로 감는다.

81. 손과 반대 방향으로 발을 내디디며 걷는다.

82. 한 박씩 움직이며 세 박에 오른쪽으로 돈다. 앞의 음악에 맞춰 굿거리 한 장단 동안 무대 중앙에 도착한다.

# 신명나는 걸음걸이로 성큼성큼 나아가려네.

83. 무대 중앙에서 앞으로 손과 발을 엇바꿔 걸어간다.

84. 같은 사위로 두 박씩 앞으로 나간다. (굿거리 한 장단)

흩날리는 도포자락, 허공에 솟은 발끝마다 흥겨움이 묻어 나오고,

85. 다시 한 박씩 앞으로 움직이며 손과 발이 엇갈리게 한다.

86. 도포를 치고 무대 중앙 앞으로 나와 멈춘다.(굿거리 한 장단)

부채를 떨군 손끝의 흔들림은 아슬아슬하여라.

87. 두 손을 앞으로 모은다.

88. 굿거리 세 장단 동안 양팔이 수평이 되게 서서히 들어올린다.

89. 수평으로 팔을 들어올린 후 부채 끝이 아래를 향하도록 떨군다. 부채 손잡이를 꼭 잡고 부채를 살짝 흔든다.
이 낙화 사위는 가장 어려우면서도 독특한 춤사위다. (굿거리 한 장단)

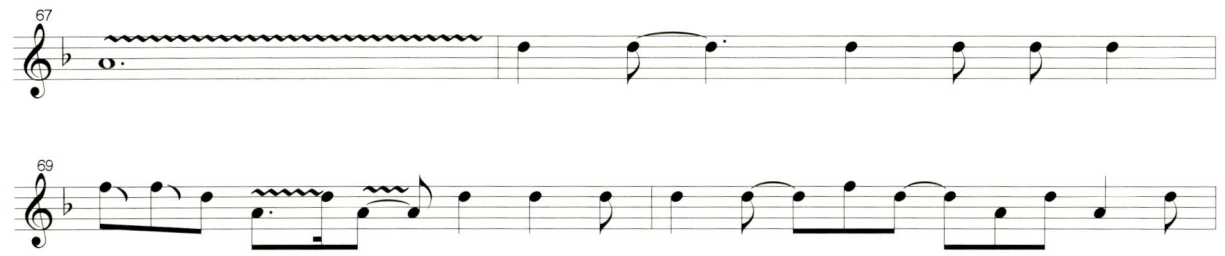

# 정처 없이 헤매던 시름 가득한 세월들.

90. 오른발로 뒤를 찍고 오른손으로 감은 다음 다시 왼발로 찍고 왼손으로 감는다.

91. 고개를 돌려 객석을 바라보고 몸은 무대 뒤로 향한다.

춤사위로 풀어내면 한순간이라도 삶의 고난을 잊을 수 있으려나.

92. 앞의 동작과 같은 춤사위로 하되 두 박(굿거리 반 장단)으로 반복한다.

93. 제자리에서 무대 중앙 뒤로 후진하며 왼쪽으로 굿거리 한 장단 동안 감아 돈다.

94. 앞의 음악 마지막 박자에서 도포를 힘차게 뒤로 휘날리며 동작을 멈춘다.

# 학이 날아오르는 순간처럼 허공에 떠 있는 듯한 마음으로,

95. 양팔을 좌우 사선 방향으로 높이 든다.

96. 앞으로 전진하다가 다시 앞으로 내려 모은다.

97. 첫 박에 도포를 뒤로 치고, 후진하면서 동작을 반복한다. (굿거리 두 장단)

이쪽 저쪽 넘나들면 어느덧 춤의 흥취는 절정에 다다르네.

98. 부채를 든 오른손을 가슴 앞에서 수평으로 들며 앞으로 나온다.

99. 양팔을 앞으로 나란히 뻗어 부채를 엎었다 젖혔다 한다.

100. 허공으로 날듯 솟아오른다.

## 조심스럽고도 간결하게 부채로 여미는 몸짓에는

101. 중앙에서 좌우 대각선 방향으로 왔다갔다하며 굿거리 사위의 절정을 이룬다.

102. 부채는 어깨와 턱 사이에서 한 바퀴 돌린다.(굿거리 두 장단)

103. 부채를 돌려 접었던 팔을 펴면서 거의 한 박씩 움직인다.

# 빛과 그늘이 교차하고, 숨결은 잦아드는구나.

104. 부채를 높이 들며 오른쪽 대각선으로 한 걸음 물러서면서 한 장단 동안 멈춘다.

105. 다시 왼손을 감아 왼쪽으로 돌며 엇모리로 넘어간다. (굿거리 한 장단)

마음속에서 넘실거리는 흥을 몸 밖으로 무한히 끌어올려,

106. 엇모리는 호흡과 감정이 한 박씩 움직이는 느낌으로, 굿거리에서 차분하게 풀어내는 감정과는 조금 차이를 둔다. 두 손을 앞으로 모아 수평보다 약간 위로 들어올린다.

107. 차츰 아래로 내리며 어깨를 좌우로 으르며 움직인다. 무대 중앙에서 하수 방향으로 걷다가 제자리에 멈추어 엇모리 한 장단을 움직인다.

엇모리

심장의 고동과도 같은 장단에 몸을 맡기고 아득한 사연을 끌어내어 보네.

108. 양손을 옆으로 들어 등 뒤에서 두 손을 모은다.

109. 발은 한 걸음 한 걸음 무대 하수 방향으로 전진하며, 객석에서는 무자(舞者)의 측면을 볼 수 있게 한다.(엇모리 한 장단)

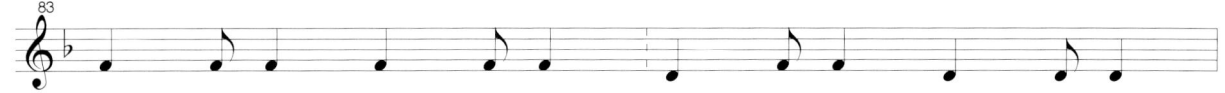

활짝 펼친 부채 위로 옥구슬 하나 올려놓은 듯,

110. 왼발을 끌어 올리고 두 손을 앞으로 모으며 몸을 좌우로 어른다.

111. 무릎을 굽혔다 폈다 하며 아래위로 움직인다. (엇모리 한 장단)

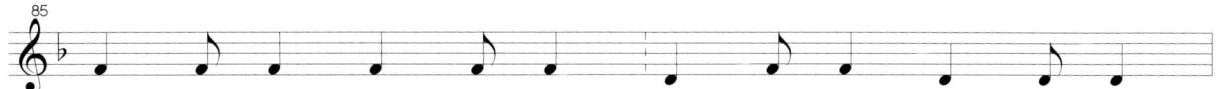

# 이리 어르고 저리 달래니 절로 흥이 생겨나네.

112. 학이 땅에 내려앉듯이 살며시 앉으며 두 손을 뒤로 모은다.(엇모리 한 장단)

113. 방향을 오른쪽으로 약간 바꾸어 걸어온 길을 되돌아가는 느낌으로 일어선다.

114. 다시 왼쪽으로 와서 한 장단 멈춘 뒤 한 장단 동안 왔던 길을 되돌아간다.

톱니바퀴 맞물려 돌아가듯 좌우로 돌아가는 춤사위,

115. 몸은 오른쪽으로 도는 듯하되, 부채를 왼쪽 어깨 방향으로 올린다.

116. 반무릎을 굽히며 왼쪽으로 돌아선다.

117. 무릎을 올리며 왼손으로 감아 돌 때 몸을 굴신하며 유연하게 움직인다.
(엇모리 한 장단)

신기神氣 오른 듯 사뿐사뿐 솟구치는 발걸음은 허공 위를 넘나드네.

118. 부채를 오른쪽 옆으로 가져간다.

119. 부채를 앞으로 가져와 한 바퀴 돌린다.
(엇모리 한 장단)

120. 앞에서 멈추어 위아래로 사뿐사뿐 굴신하는데, 이때 반동을 주어 움직인다.
(엇모리 한 장단)

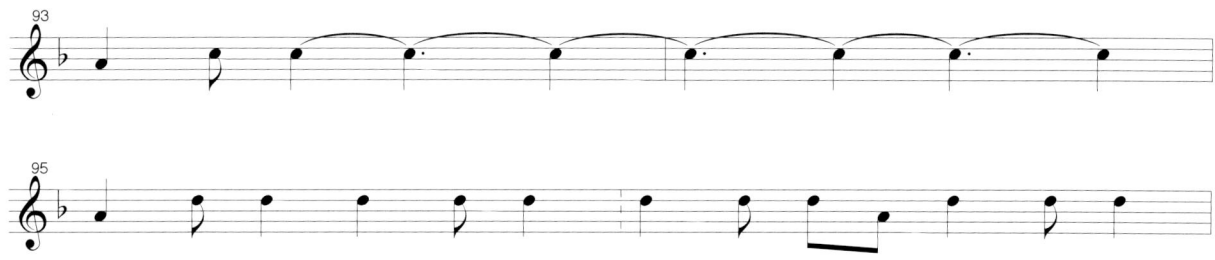

일순간 솟구친 발돋움은 물 속에서 솟아올랐나.

121. 왼손을 앞으로 하고 오른손으로는 부채를 높이 들어올린다.

122. 다시 무릎을 굽혀 부채를 가슴 앞으로 가져와 동작의 높고 낮음의 균형을 이룬다.

123. 다시 부채를 반대로 돌리고 오른발을 앞으로 내디딘다.

# 가라앉았다 솟구치고 맺었다 풀어내며,

124. 부채를 높이 들어 앞으로 누르듯이 힘을 싣는다.

125. 가라앉는 모습을 차츰차츰 연속된 춤사위로 무릎을 굽히며 조정한다.

126. 이때 발의 반동을 살려 리듬을 타면서 탄력있는 움직임으로 강약을 조절한다.

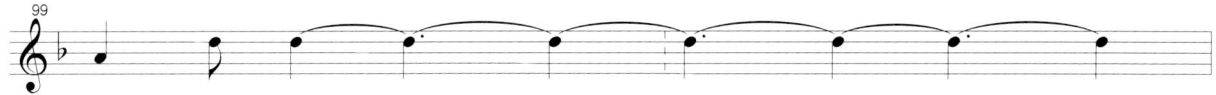

꽃봉오리처럼 움츠려 다시 도약할 때를 기다리는구나.

127. 앞 동작과 연결하여 앉은 다음 가장 낮은 자세에서 부채로 얼굴을 가렸다 내렸다 좌우로 어른다.

128. 마치 지신(地神)과 대화하듯 감정과 호흡을 조절한다.

# 가볍고 조심스럽게 일어서는 움직임이 땅의 고요함을 깨우고,

129. 앞의 앉은 모습에서 사뿐히 일어선다.

130. 학이 잠에서 깨어 날아가는 형상으로 양손을 들어 올린다.

131. 부채를 앞으로 모아 좌우로 어른다.

잠에서 깨어난 한 마리 학이 멀리 날아가 나뭇가지 위에 앉는구나.

132. 두 손을 수평으로 펴고 날아가 나무 위에 앉듯 무릎을 살짝 굽힌다.

133. 두 손을 앞으로 모은다.

134. 다시 오른쪽으로 비켜 돌면서 부채를 접고 자진모리로 넘어간다. (엇모리 한 장단)

흐트러진 마음을 가다듬으니 장단 소리도 정갈하고,

135. 무대 중앙에서 오른발로 한 걸음 후진하며 첫 박에 부채를 편다. 부채를 객석 왼쪽에서 오른쪽으로 서서히 움직이며 감정을 잡는다. (자진모리 네 장단)

자진모리

흘러나오는 흥취를 불러 모으니 몸짓 또한 경쾌하구나.

136. 부채를 접으며 오른쪽으로
한 바퀴 돈다.

세월은 멈추지 않아도 장단은 끝나면 그만인 것을, 사뿐히 돌아 신명을 불러 보려네.

137. 두 박에 오른쪽으로 돌고 두 박에 한 걸음 후진한다. 그런 다음 시계 방향으로 후진하되 한 박씩 자진모리 한 장단 동안 뒷걸음으로 사뿐사뿐 가볍게 물러선다.

138. 앞의 동작과 같은 방법으로 왼쪽으로 한 번 반복한다.

# 풀었다가 감아 돌고 펼쳤다가 접어내며,

139. 앞의 동작과 같은 방법으로 원을 그리며 부채를 접는다. 이때 왼손으로 도포를 펼치며 동작의 균형을 잡아 간다.

140. 부채를 다시 펴고 오른쪽으로 돈다.
(자진모리 두 장단)

바삐 움직이는 춤사위 속에 약동하는 삶의 기운이 스며드는구나.

141. 부채를 든 오른손을 도포 뒤로 돌리고 왼손을 들어올리며 제자리에서 돈다.

142. 부채를 다시 접는다. (자진모리 두 장단)

날아가다 떨어지는 듯 땅 위에 사뿐히 내려앉은 한 마리 학처럼,

143. 돌아가는 방향에서 부채는 중앙을 향하게 하고, 학이 날아가다 떨어지듯 앉으면서 멈춘다.

144. 제자리에서 한 바퀴 돈다. (자진모리 두 장단)

# 균형 이룬 춤사위가 아름다움을 끌어올리네.

145. 부채를 접고 일어선다.

146. 오른손은 허리 뒤에 얹고, 왼손은 어깨 높이로 수평이 되게 들어올린다. 왼쪽으로 돌아 완전한 원을 그린다.

# 한줄기 영감은 심혼心魂에서 샘솟듯 솟아 나오고,

147. 접었던 부채를 펴며 양팔을 수평으로 들고 몸을 오른쪽으로 돌린다.

148. 왼손을 머리 위로 들고 부채는 어깨 높이로 들어 무대 왼쪽을 크게 돌아 무대 뒤를 향해 곡선으로 들어간다.

흥이 오를수록 신명도 높아만 가네.

149. 원을 한 바퀴 다 돌아 무대 중앙 원점에 도달하면 제자리에서 두세 바퀴 돈다.

# 바람결을 타고 노는 발 디딤새 하나하나에

150. 회전을 멈추고 오른쪽으로 한 박에 한 걸음씩 돈다. 이때 큰 원을 그리다가 원의 중심을 향해 돌아 들어간다.

151. 앞과 같은 방법으로 왼쪽으로 한 박에 한 걸음씩 돈다.

크고 작은 사연들을 실어 돌아가네.

152. 무대 중앙에서 뒤로 한 걸음 물러선다. 부채를 펼쳐 등 뒤에 두고 한 박에 한 걸음씩, 왼쪽으로 한 장단 동안 돈다.

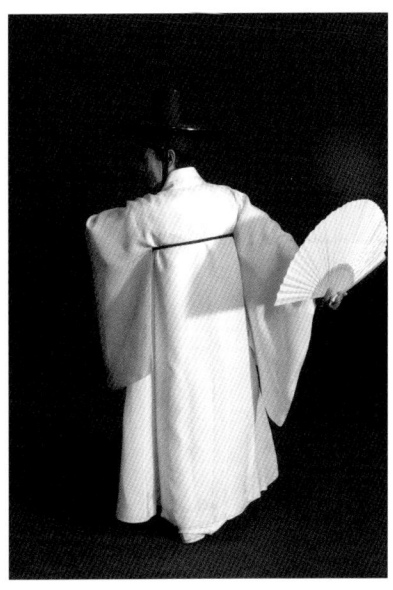

153. 앞의 동작을 이어 자진모리 한 장단을 더 빠르게 돈다.

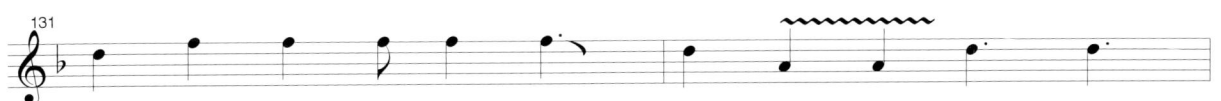

날아오르는 학인 듯, 솟구치는 파도인 듯, 높이 솟았다 한순간에 떨어지는 춤사위.

154. 부채를 돌려 오른쪽 앞으로 가져오고 무릎을 굽혀 최대한 몸을 낮춘다.

155. 최대한 높이 위로 솟아오른다. 학이 공중으로 날아오르듯 도포자락을 들어올리고, 부채는 곡선으로 돌려 위로 쳐들면서 동작의 낮음과 높음을 역동적으로 나타낸다.

# 땅에 닿을 듯 말 듯 허공을 걷는 걸음으로 도약하면,

156. 학체로 상체를 반쯤 구부리고, 두 손으로 도포를 들어올려 오른발로 서서 한 장단 멈추고, 왼발로 서서 한 장단 멈춘다.

157. 다시 오른발 두 박, 왼발 두 박을 디디며 대각선으로 무대 하수를 향해 걸어간다.

158. 한 박씩 잦은 까치걸음으로 걸어간다. (자진모리 네 장단)

시름 잊고 한 마리 학이 되어 훨훨 날아가는구나.

159. 자진모리의 처음은 오른쪽으로 돌면서 하수에서 시계 방향으로 원을 그려 갔지만, 연풍대는 그 반대로 시계 반대 방향으로 풀어 간다.

160. 왼발을 딛고 오른손으로 부채를 머리 위로 감아 돌며 두 박에 반 바퀴씩 두 번 반복하여 왼쪽으로 풀며 돌아간다.

161. 두 손을 감으며 앉았다 일어서면서 연풍대 사위를 하며 돌아간다.
(자진모리 네 장단)

# 소용돌이치는 거센 물살처럼 휘몰아 들어가도

162-164. 앞과 같은 반복된 연풍대 사위로 이어진다. 연풍대는 같은 동작을 네 번, 여섯 번, 여덟 번 등으로 반복해서 움직이는 것을 말한다.

꼿꼿하고 당당한 기세는 꺾일 줄 모르네.

165-167. 연풍대는 왼쪽으로 원을 그리며 돌면서 무대를 한 바퀴 돌아 달팽이 사위로 무대 중앙을 향해 동선을 말아 들어간다.

## 다시금 평온을 찾아 한 곳을 응시하고,

168. 다시 왼쪽으로 까치 걸음으로 돌면서 두 걸음씩 한 장단 동안 돈다.

169-170. 감정의 평온을 찾아 시선을 한곳으로 집중시킨다.

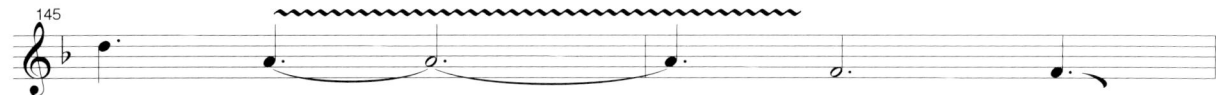

폭풍이 몰아친 후 적막 속에서 마음을 여미면,

171. 다시 왼쪽 오른쪽으로 휘몰아치며 돌아간다.

172. 부채를 펼쳐 들고, 두 손을 아래에서 위로 들어올리며 호흡을 정리한다.

173. 마지막 박자에서 자진모리의 끝을 맺는다.

안식처를 찾아 나서는 심정이 이러하지 않을는지.

174. 부채를 접어 왼쪽으로 모으고
시선은 하수 방향으로 향한다.

귀향하는 마음으로 이내 몸이 가 닿을 곳으로 되돌아가네.

175. 부채를 높이 들고 처음 시작한 위치로 간다.

176-177. 도포를 뒤로 젖히면서 균형을 잡아 편하게 앉는다.
(자진모리 한 장단, 한 마디 길게)

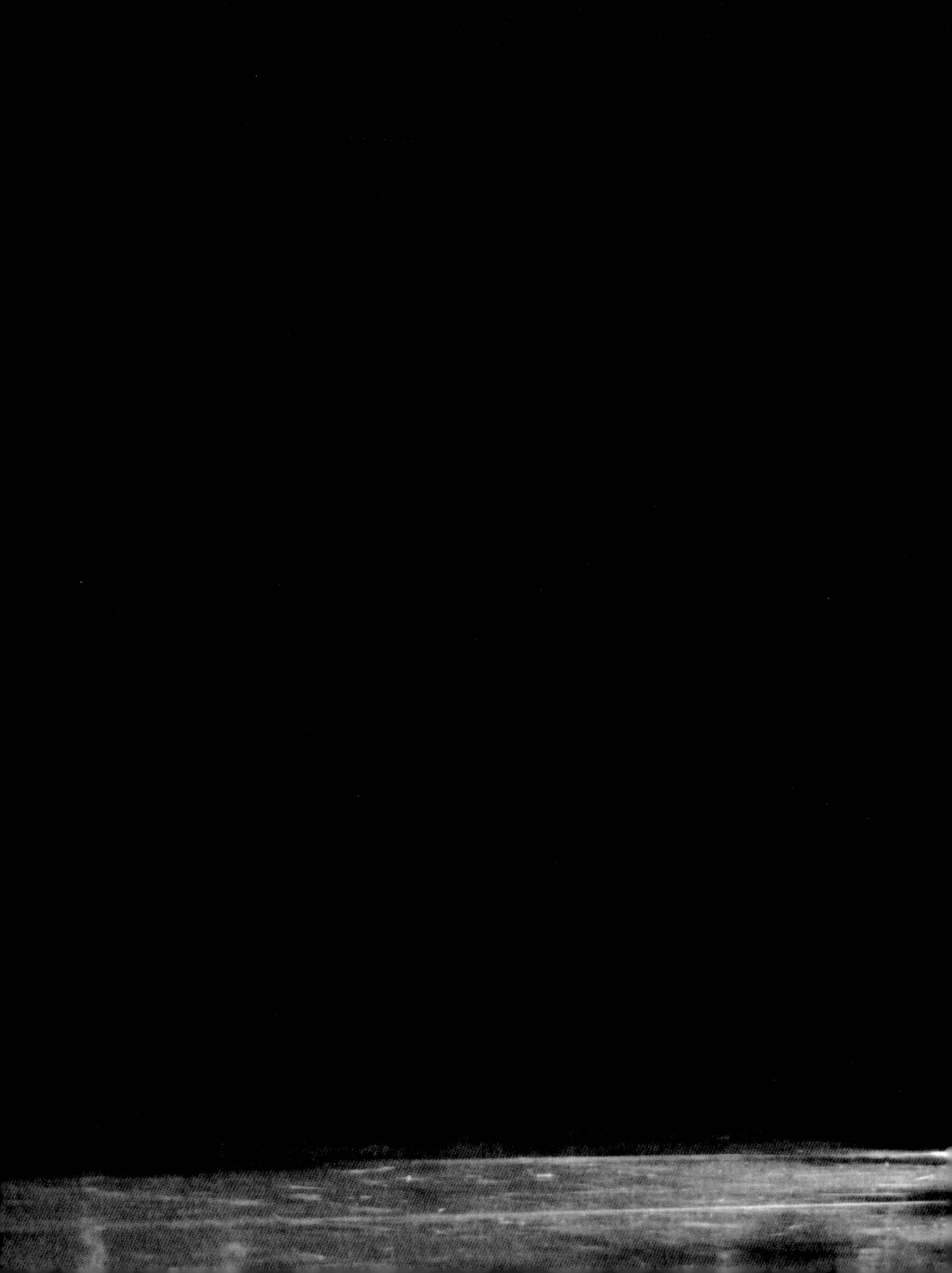

학이 나뭇가지에 올라 앉듯, 가벼운 몸짓으로 숨결을 가다듬네.

178-179. 앞의 음악에 맞추어 부채를
왼쪽에서 오른쪽으로 돌린다. 시선도
함께 따라간다.

덧없는 인생살이는 찰나刹那의 시간인 듯,

180. 부채를 수평으로 펼친다.

181. 가슴 앞으로 부채를 가져온다.

182. 펼친 부채를 아래로 향하게 했다가 바로 세운다. (자진모리 한 장단)

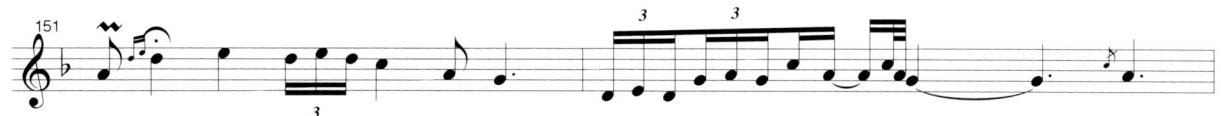

지나온 세월을 회상하니 초심初心 또한 새롭구나.

183. 부채의 각도를 사십오 도로 정확히 한다.

184-185. 부채를 앞으로 가져와 얼굴을 가린다.

새털 같은 사연들이 주마등走馬燈처럼 눈앞을 스쳐 가네.

186-188. 도입부에서 했던 동작(1-3)을 반대로 풀어 가며 끝을 맺는다.

# 附錄

閑良舞 年譜
趙興東 年譜
跋文

# 閑良舞 年譜

**고려초**
중국의 옛 의식이던 나례(儺禮)를 모방한 산대놀이가 연행(連行)되기 시작했다.

**12세기**
고려 16대 예종(睿宗, 재위 1105-1122) 때부터 연극의 성격을 띠기 시작했고, 고려 말기에는 완전한 연극 형식으로 바뀌어 산대잡극(山臺雜劇)으로 연행되었다.

**15세기**
조선 4대 세종(世宗, 재위 1419-1450) 때부터 산대도감극(山臺都監劇)이 되었고, 이것이 민간에 등장, 가설무대에서 연희되면서 평민극으로 정착했다.

**1865**
진주 목사 정현석(鄭顯石)이 시가와 무곡을 모아『교방가요』를 편찬했다. 이 책에 전하는 승무에 노승·한량·기녀·상좌가 등장하며, 한량·기녀·노승의 삼각관계에서 소기(小妓)가 등장한다.

**19세기말**
고종(高宗, 재위 1863-1907) 때에 이르러 이 춤에 대한 기록상의 근거가 성립되었다.

**1894**
갑오경장 이후 무대 공연의 형태를 취하게 되었다.

**1899**
서울 아현무동연희장이 설립되어 이곳에서 한량무가 연희되었다.

**1900**
용산의 무동연희장에서 한량무가 연희되었다.

**1902**
협률사(協律社) 단체 설립과 함께 한량무가 연희됐고, 이때부터 기생·무동·민속 춤꾼들이 전래의 춤을 발표하기 시작하여 1920년까지 지속되었다.

**1908**
7월, 신문로 원각사(圓覺社) 창설기념 공연에서 한량무를 연희했다.

**1912**
하규일(河圭一)이 서울 다동에 정악 분교실을 설립, 서울 조선권번에서 한량무를 교습했다. 8월, 광무대(光武臺) 개관기념 공연에서 한량무가 연희되었다.

**1917**

11월, 다동조합·신창조합·한남조합·광교조합 등 사대 기생조합의 합동공연이 열렸다.

**1918**

명기 최순이(崔順伊, 1884-1969)가 진주권번에 적을 두고 구전으로 전해지던 진주 한량무를 복원했다. 진주 사인(四人) 한량무는 한량·색시·승려·상좌가 등장하며, 춤의 내용은 『교방가요』가 전하는 승무와 유사하다.

**1930년대**

한성준(韓成俊)에게 승무와 입춤을 배운 최승희(崔承喜)는 이를 바탕으로 「에헤라 노아라」라는 창작무를 안무했다. 이때부터 한량무는 옛날 기방에서 추던 극춤 한량무와는 다른 독립된 창작무로서 신무용의 한 대열에 들어서게 되었다.

**1934**

조선무용연구소 시절 한성준은, 구전으로 전수되던 한량무를 송파산대놀이와 봉산탈춤에서의 노장 과장을 기초로 하여 경기 사인 한량무를 창작했다. 5월 20일, 최승희는 일본 아오야마(青山) 청년회관에서 술에 취한 한량을 주인공 삼아 독무 「에헤라 노아라」를 공연했다.

**1935**

한성준이 서울에서 가진 첫번째 무용발표회에서 경기 사인 한량무를 공연했다.

**1937**

최승희는 뉴욕에서 '신로심불로(身老心不老)'라는 주제로 독무 공연을 했다.

**1939**

1월 31일, 최승희가 파리 샹프레지엘 극장에서 「한국무용-한량」을 독무로 공연했다.

**1940**

2월 27일, 한성준이 서울 부민관(현 세종문화회관 별관)에서 승무·태평무와 함께 경기 사인 한량무를 공연했다. 5월, 일본 도쿄 히비야(日比谷) 공회당에서 한성준이 경기 사인 한량무를 공연했다.

**1941**

2월 22부터 25일까지 최승희가 도쿄 가부키자(歌舞伎座) 공연에서 열세 개의 발표 작품 중 「신로심불로」 독무를 공연했다. 원각사에서 한성준이 경기 사인 한량무를 공연했다.

**1945**

8월, 조선문화건설중앙회가 결성되었다.

**1949**

2월 10일, 조택원은 미국 자연과학박물관에서 독무 「신로심불로」를 공연했다.

**1954**

8월 28일부터 31일까지 서울 시공관에서 정인방(鄭寅芳) 무용생활 20주년 기념공연으로 「신로심불로」 독무가 공연되었다.

**1955**

10월, 서울 시공관에서 강선영(姜善泳) 고전무용 발표회에서 태평무와 함께 한성준이 경기 사인 한량무를 공연했다. 이동안(李東安)은 광무대 시절 경기도 용인 출신인 김인호(金仁鎬)로부터 한량무를 전수받아 가장 원형에 가까운 극춤 한량무를 연희했다.

**1977**

전통무용연구원 주최로 서울 문예극장 대극장에서 이동안이 극춤 한량무를 공연했다.

**1978**

최현(崔賢)이 세종문화회관 개관기념 예술제에서 독무 한량무 「비상」을 발표했다.

**1979**

김덕명(金德明)은 그가 가르친 제자들(김정애·성계옥·정행금·김연이·정남·최금순·정화순)과 함께 경상남도 도지정 무형문화재 제3호로 지정되었다. 김숙자(金淑子)는 부친 김덕순으로부터 극춤 한량무를 전수받아 1980년대 초반까지 공연했다.

**1982**

서울시립무용단 정기공연에서 정인방이 독무 「신로심불로」를 공연했다. 대한민국무용제 전야제에서 조흥동이 독무 한량무 「회상」을 발표했다.

**1986**

4월 25일, 국립극장 소극장에서 열린, 국립국악원이 후원하는 무형문화재 공연에서 이동안이 극춤 한량무를 연희했다.

**2004**

2월 21일부터 22일까지, 문예진흥원 예술극장 대극장에서 열린 「이천사년 조흥동 춤의 세계」에서 조흥동은 제자 열세 명과 함께 독무 한량무를 발표했다.

# 趙興東 年譜

**1941**
경기도 이천시(利川市) 부발읍(夫鉢邑)에서 부친 조태환(趙泰煥)과 모친 김음성(金陰成) 사이에서 일남사녀 중 막내로 태어났다.

**1949** 8세
무용에 입문했다. 조태호(趙泰鎬) 엄영연(嚴永然)에게서 기본춤을 배웠고 마을 걸립패의 무동이 되어 공연했다.

**1951** 10세
엄영연에게서 법구춤과 상모춤을 배웠고, 조태호로부터 고사반(비나리)을 배웠다.

**1953** 12세
신파극「원술랑」에 출연했고, 학예회에서「아리랑」「노들강변」으로 춤을 공연했다.

**1955** 14세
경동중학교 입학과 함께 서울로 올라와 둘째누나의 집에서 학교를 다녔다. 국악양성소(현 국립국악원)에 입소하여 김보남(金寶男) 주만향(朱晩香)으로부터 고전무용의 기본을 배우기 시작했다.

**1956** 15세
가을운동회에서 법구춤을 공연했다. 김윤학(金潤鶴)으로부터 추월강산과 검무를 배웠다.

**1958** 17세
경동고등학교에 입학했다. 김백초(金百草)에게서 신무용 기법을, 김천흥(金千興)에게서 처용무와 춘앵전을, 이매방(李梅芳)에게서 승무와 오고무를, 전사섭(全四燮)에게서 설장구를 사사했다.

**1959** 18세
경동고 이학년 때 원각사에서 열린「김윤학 무용 발표회」에 출연했다. 김진걸(金振傑)에게서 산조춤과 발레를, 송범(宋汜)에게서 발레와 남방무를, 은방초(殷芳草)에게서 무당춤과 공작무를 사사했다.

**1960** 19세
원각사에서 열린「안애리 무용 발표회」에 출연했다. 김백봉(金百峰)에게서 장검무와 신무용 기법을, 한영숙(韓英淑)에게서 승무와 살풀이를, 강선영(姜善泳)에게서 태평무와 열두무녀도를, 황재기(黃在基)에게서 소고춤을 사사했다.

**1961** 20세
서라벌예대 체육무용과(현 중앙대 예술대학)에 입학했다. 장홍심(張紅心)에게서 장검무를 사사했다.

**1962** 21세
국립무용단 정기공연(제1회)에 출연했다.

**1963** 22세
국립무용단 정기공연(제2회)에 출연했다. 당시 남성 무용수가 드물었던 무용계에서 장래 한국무용을 이끌어 갈 유망주로 손꼽히기 시작했다.

**1964** 23세
중앙대학교 예술대학 졸업 후 동명여자고등학교에서 체육교사가 되어 학생들을 가르쳤다. 국립무용단 정기공연(제3회)에 출연했다. 고전무용뿐만 아니라 그 범위를 넓혀 김석출(金石出)에게서 동해안 별신굿을, 임준동(林俊東)에게서 불교의식 무용과 범패 등을 배웠다.

**1965** 24세
조흥동 무용학원(관인)을 설립했다. 국립무용단 정기공연(제4회)에 출연했다. 안사인(安士仁)으로부터 제주굿을 배웠다.

**1966** 25세
자유중국 대사 TV 초청공연을 했고, 시민회관에서 열린 삼일절 종합예술제에 출연했다.

**1967** 26세
한국무용협회 감사를 맡았다. 동남아 육개국(대만·싱가폴·홍콩·인도네시아·태국·일본)을 돌며 순회공연을 했다. 조한춘(趙漢春)에게서 제석춤과 대감놀이를, 이지산(李池山)에게서 진쇠춤을 배웠다.

**1968** 27세
국립극장에서 「조흥동 무용발표회」(제1회)를 개최하여 「귀향」 「선화무」 「고풍의 연가」 등의 작품을 선보였다.

**1969** 28세
국립극장에서 「조흥동 무용발표회」(제2회)를 개최하여 「광영」 「벌의 상태」 「회한」 등의 작품을 선보였다.

**1970** 29세
주월 국군장병을 위한 특별위문공연에 참여했다.

**1971** 30세
일본 NHK TV 예술좌담에서 특별공연을 했다. 국립창극단에서 공연한 「춘향전」의 안무를 맡았다.

**1972** 31세
시공관에서 「조흥동 무용발표회」(제3회)를 개최했다.

**1974** 33세
한국무용협회 창작무용제에서 무용극「제신의 고향」의 대본을 쓰고 안무를 창작했다.

**1975** 34세
사 개월 동안 일본에 체류하며 재일거류민단 초청공연에 참여했다. 대학무용콩쿨 안무지도상을 수상했다.

**1976** 35세
학림회(學林會)를 창단했고, 창립공연으로「이차돈」의 안무를 창작했다. 박영호(朴榮浩)로부터 진쇠춤을 사사했다.

**1977** 36세
문화공보부 무용용어 심사위원과 한국문화예술진흥원 심의위원을 역임했다. 국립무용단 정기공연(제15회)「원효대사」에 출연했다. 조택원(趙澤元)의 추모공연에 출연했다.

**1978** 37세
건국 30주년 기념공연「탑교놀이」의 안무를 창작했다.

**1979** 38세
한국무용협회 한국무용분과 위원장을 역임했다. 국립극장에서 열린 대한민국무용제(제1회)에서「푸른 흙의 연가」에 출연했고 안무를 맡았는데, 이 작품으로 대한민국무용제에서 입상했다.

**1981** 40세
한국문화예술진흥원의 지원으로 유럽문화예술제에 참가했다. 우리나라에서는 처음으로 한국남성무용단을 창단하여 한국남성무용단 창단 기념공연으로 대본과 안무를 창작한「춤과 혼」을 공연했다. 이 작품으로 대한민국무용제(제3회)의 안무상을 수상했다. 국립무용단 정기공연(제27회)「황진이」에 출연했다.

**1982** 41세
원광대학교 무용학과에 출강했다. 한국무용평론가협회 회원이 되었다. 무용극「맥」의 대본을 썼고, 인도 아시안게임 문화예술제에 참가했다. 국립무용단 정기공연(제28회)「썰물」과 미국 디즈니랜드 개관 특별공연에 출연했다. 대한민국 무용제 전야제에서 한량무를「회상」이라는 제목으로 첫선을 보였다.

**1983** 42세
국립무용단 지도위원을 역임했다. 무용극「부운」의 대본을 창작했다. 국립무용단 정기공연(제33회)「맥」과 국립창극단「부마사랑」의 안무를 맡았다. 국립무용단 한국무용전(제32회)에 출연했고, 일본 국립극장 초청 특별공연을 했다.

**1984** 43세
서울예술전문대학 무용과에 출강했다. 국립무용단 정기공연(제34회)「뜬구름」의 안무를 창작했고, 로스앤젤레스 올림픽 문화 페스티벌에 참가했다.

있다.

　지금까지 춤 공부를 하면서 인연 맺었던 여러 은사님들을 한 분 한 분 떠올려 보면, 아직도 내 마음속에는 그분들의 독특한 춤사위 하나하나가 새롭게 아로새겨진다. 훌륭한 스승님들에게서 소중한 우리의 춤들을 배우고 익힐 수 있었던 것은 나에게 크나큰 행운이었다.

　그 동안 주위의 많은 분들이, 이제 후학을 위해 옛 춤의 사위와 가락을 정리하여 내가 갖고 있는 작품들을 우리 춤의 역사에 남기라고 조언하며 격려해 줄 때마다, 나는 '내가 혼자 좋아서 추어 온 춤을 후세에 남길 필요가 있겠는가' 하고 고심했다. 그렇게 오랜 망설임과 주저 끝에, 어느 한 시대에 이러한 춤꾼의 춤도 있었음을 기록으로 남기고자 하는 소박한 마음으로 이 책을 출간한다. 이 책의 발간을 위해 힘써 주신 모든 분들께 진심으로 감사드리며, 아무쪼록 격려와 질정을 바란다.

2007년 2월
월륜(月輪) 조흥동(趙興東)

## 趙興東의 閑良舞

| 寫眞 | 김찬복 |
|---|---|
| 記譜 | 강은구 |

초판발행 ——— 2007년 3월 15일
발행인 ——— 李起雄
발행처 ——— 悅話堂
　　　　　경기도 파주시 교하읍 문발리 520-10 파주출판도시
　　　　　전화 (031)955-7000, 팩스 (031)955-7010
　　　　　http://www.youlhwadang.co.kr
　　　　　e-mail: yhdp@youlhwadang.co.kr
등록번호 ——— 제10-74호
등록일자 ——— 1971년 7월 2일
편집 ——— 조윤형·신귀영
북디자인 ——— 공미경
인쇄 ——— (주)로얄프로세스
제책 ——— (주)상지사피앤비

* 값은 뒤표지에 있습니다.

Published by Youlhwadang Publisher
ⓒ 2007 by Cho Heung-dong
Printed in Korea

ISBN 978-89-301-0196-7